U0141271

吳明賢的與善同行之路

行俠仗醫，以醫弘道

吳明賢——著

[推薦序]

高高山頂立，深深海底行

林肇堂（台灣大學名譽教授／台灣消化系醫學會名譽理事長）

#行俠仗醫，緣來如此

二〇二四年歲暮，意外接獲明賢分享他四年來「與善同行之路」的臉書集結之作給我，並請我代為之序。翻開目錄，第一眼，看到自己的名字被列在題為「恩師」這章，我立馬「仔細過目」起來，隨即發現——哇！這文筆、這說故事能力也太優秀了吧！輕輕鬆鬆數百字就勾勒出那既窩心又虛心的畫面，真是口吐蓮花、清香芬芳，讓人歡喜無比啊！

緊接著，我不由自主地繼續看他如數家珍的細訴在「寶山」醫院昔日與他共事過的傑出師友，以及眾大師級別的前輩們長存不滅的點點滴滴。我覺得「知恩念恩、湧泉以報」是他描寫人物時內心真誠的底蘊；「見賢思齊、止於至善」是他敘事說理時回顧前瞻的深情寄語。這，就是我認識的吳醫師，一位曾在年輕時對我緊追不捨、與我並肩作戰，共同解鎖幽門螺旋桿菌致癌機轉，最終完勝病魔、締造輝煌戰果的好學生、好醫師！正如本書尾聲中他說的：「人生最大的幸福是在正道上行正確的事；在正確的時間遇到正確的人；和正確的人一起做正確的事。」的確，這就是明賢「行俠仗醫、與善同行」的緣起。

#以醫弘道，因正果圓

說好話、讀好書、行好事、做好人，這四好會為生命種下好因，結上好緣，得到好果。明賢「以醫弘道」的行願，具體看來，是想藉由他精研醫療的高明知見、專業技術來經營他懸壺濟世的好事。但自二〇二〇年八月他榮任「寶山」醫院掌門人後，他更以一枝雄深雅健的筆在臉書平台弘揚他的俠醫思想，苦口婆心、旁徵博引道盡有關良醫應具的人文精神、道德修為、社科涵養、勵志金句等好話。

此外，從開篇的先睹為快，到掩卷的隨喜讚嘆間，我時而被他書寫的人物典範、專研情操、拚搏精神感動不已；又常對他筆下那些新鮮幽默的趣聞，及他自我解嘲的精彩事例會心一笑，直覺這老弟真是被醫師耽誤的文豪啊！所以，我深信「讀好書」一定是吳醫師人文素養會如此深厚的祕密武器；至於「做好人」則定是他傳承自父母素樸身教的好基因，外加他好學深思、親仁向善的好選擇。像這樣四好俱足、因正果圓的俠醫，最終因內功強大、武德兼勝，故能入「寶山」掌其門、不虛此行，進而連任，這真可謂：「寶島無以為寶，惟善以為寶」啊！（案：原典——《楚書》曰：「楚國無以為寶，惟善以為寶。」）

#高高山頂立，深深海底行

孔夫子：「士不可以不弘毅，任重而道遠。」這，是殷重的期許；孟夫子：「得天下英才而教育之，三樂也！」這，是得意的心聲——而我，在閱讀此書的每個當下，分別領納到其中的況味了。最後，容我引用唐朝藥山惟儼禪師（唐文宗賜他諡號「弘道大師」）告誡當時的太守李翺（文學家、哲學家、詩人）這句「高高山頂立，深深海底行」，意思是做人要志向高遠，但做事要一步一腳印，務實謙沖。且讓我以這句名言作結，並藉此與明賢共勉之。

【推薦序】

智慧慈悲、仁心俠醫

陳建仁（中研院院士／前副總統）

很榮幸也很高興接到台大醫院吳明賢院長的電子郵件，告訴我聯經出版公司將出版他四年來發表在臉書（Facebook）的文章集結而成的新書，並且邀請我為他的新書寫序，我欣然答應。吳院長是我很欽佩的醫師、教授、科學家和醫院院長。他是一位正直坦誠、博學廣識、幽默風趣、仁心仁術的學者。吳教授是前台大醫院內科主任、輔大醫學院院長林肇堂教授的得意門生，他們師生都是名醫、善醫和良醫，無論在教學、研究、服務、行政各方面，都表現優異卓越而深受好評。

一九八三年我從美國約翰・霍普金斯大學（Johns Hopkins University）獲得博士學位返國後，在台大醫學院公共衛生研究所擔任副教授。林肇堂教授正在台大臨床醫學研究所攻讀博士學位，我們一起合作探討台灣胃癌的危險因子，利用幽門螺旋桿菌感染的血清流行病學研究，發現盛行率愈高的地區，胃癌發生風險愈高；胃潰瘍和胃癌病例的盛行率，也遠高於社區健康對照。當時吳院長已經是林院長研究團隊的主要大將。

後來，吳院長進入台大臨床醫學研究所攻讀博士學位，我很榮幸應林院長的邀請，擔任吳院長的共同指導教授。吳院長做研究十分嚴謹，對於權威學說始終抱著挑戰深究的態度，不僅是「盡信書，不如無書」，而且是「盡信師，不如無師」，既具有批判精神，更具有獨到創見。至於待人接物，他則謙和溫暖。正如中研院胡適前院長所說的：「做學問要在不疑處有疑，做人要在有疑處不疑。」吳院長的博士研究聚焦在幽門螺旋桿菌、宿主基因多型性和環境因子的交互作用對於胃癌發生風險的影響。他的研究宏觀而又細膩，是分子及基因體流行病學研究的典範之作。

林院長、吳院長和我繼續進行在胃癌發生率特別高的馬祖，進行流行病學調查研究，他們又接著在當地展開居民的幽門螺旋桿菌的篩檢和治療的工作，歷經十五年的研究，馬祖居民幽門螺旋桿菌帶菌率從七〇%降至一〇%，顯著降低胃癌的發生率及死亡率。這項「馬祖胃癌防治模式」，已成為胃癌防治的國際臨床準則，刊登於全球頂尖的腸胃學期刊《Gut》雜誌的封面，真是台灣醫學之光。我在擔任衛生署長時，健保局開始推動給付幽門螺旋桿菌的篩檢與治療，胃癌在台灣十大癌症死因的排名，已經從一九八〇年的第三名，降至二〇二〇年的第八名，吳院長與林院長貢獻卓著。

台大醫學院耳鼻喉科、細菌學科、公共衛生學科的長期追蹤研究，在《新英格蘭醫學雜誌》（*New England Journal of Medicine*）發表抗ＥＢ病毒（Epstein-Barr Virus）抗體陽性者有顯著偏高的罹患鼻咽癌風險。二〇一〇年我們為了探索新穎的ＥＢ病毒感染標誌來早期篩檢鼻咽癌，中央研究院、美國國家癌症研究所與台大醫院、和信醫院、馬偕醫院、國泰醫院、中醫大醫院、亞東醫院等六家醫學中心，展開大規模的「鼻咽癌分子及基因體流行病學：ＥＢ病毒、宿主基因、環境因子交互作用的研究」，當時擔任台大健檢中心主任的吳院長，也加入研究團隊，招募健檢者參與研究當作對照個案。這項中美合作計畫最近在國際頂尖的腫瘤學期刊《臨床腫瘤學期刊》（*Journal of Clinical Oncology*）和《癌症研究所期刊》（*Journal of National Cancer Institute*），發表了ＥＢ病毒標誌篩檢鼻咽癌的最新方法和臨床指引，嘉惠最好發鼻咽癌的華人族群。吳院長思緒清晰、反應敏捷，和他合作台灣重要癌症研究，讓我在學術生涯有無比的喜樂！

吳院長於二〇二〇年接任台大醫院院長時，適逢 COVID-19 大流行，他展現很卓越的領導風範，深知「真正的權力就是服務，從國人的需要看到自己的責任」。面臨危機挑戰，最能彰顯一個人的智慧、韌性、堅忍和勇毅，吳院長面對百年大疫的沉著穩健令我十分佩服。他在艱難時刻與同仁同甘共苦，成功時刻與大家共享榮耀。吳院長也為台大醫院訂出「智慧醫療」、「尖端醫療」、「精準健康」三個重要發展方向，加強和政府、產業、學校、研究機構的密切合作，為台大醫院布局下世代醫療保健的領導地位。此外，他啟動「台大醫院2.0」升級計畫，讓新竹、雲林各院區朝向醫學中心邁進。台大醫院和台灣有吳院長真好！

本書文筆流暢如行雲流水，讀起來神怡心醉，且內容豐富、琳瑯滿目而篇篇精彩，既有人生與佛學哲理，更有豁達人生觀、正義感、慈悲心、有守有為，能讓讀者見賢思齊！

目次

第二部　典範．醫療

第三部　台大醫院・一路走來

第十一章　長存不滅／209

第六部　百年一疫

第七部　思考未來

［自序］

與善同行・放心從容

從小我就喜歡讀書，也滿會考試，同學們會說我是天才，其實不是，我只是耐煩，不厭其煩而已！除了正規的教科書外，我最愛念的是佛經與武俠小說，這些書增加了我對「人生」的一分理解，特別是弘一大師的「草積不除，時覺眼前生意滿；庵門常掩，勿忘世上苦人多」，深有同感。自己也是出身市井的平凡家庭，我熟悉這些階層各色人物的待人接物，言談話語，他們身上的美德和俗氣，知道社會最多的是值得同情，很世俗但也很可愛的小人物。這種俠義情懷，讓我一度想成為大俠以「行俠仗義」。

因緣際會之下，我成為家族中的第一個醫師，只好「行俠仗醫」。會成為醫師，一部分原因是我來自醫師的搖籃「嘉義高中」，但也是受那時的社會氛圍「第一賣冰、第二做醫生」影響（和現在的「第一賣冰、第二告醫生」相差甚遠）。我十分幸運，行醫過程中碰到許多貴人及學習的典範，而且我也認同，醫師這份工作就像泰戈爾〈用生命影響生命〉（Life Influence Life）詩篇裡所描述的：

把自己活成一道光，因為你不知道誰會藉著你的光，走出了黑暗；
請保持心中的善良，因為你不知道誰會藉著你的善良，走出了絕望；
請保持你心中的信仰，因為你不知道誰會藉著你的信仰，走出了迷茫；
請相信自己的力量，因為你不知道誰會因為相信你，開始相信自己；
保持內心的光明、善良和信仰，我們可能無意間成為別人的引路人。

為了回報父母、師長、朋友，我在暱稱為寶山醫院的台大醫院服務、教學和研究，秉持善良，堅持做別人的貴人。

一路從主治醫師、腸胃科主任、內科主任、副院長到院長，在「胡椒鹽」（服務、教學、研究）外還一腳踏入行政管理，有機會集更多人之力，成就更多的美事。雖然一開始就碰到百年一疫的 COVID-19，但是我們醫院團隊齊心、社會大眾協力，順利地度過此重大考驗。當然，能安然度過疫情，不光是政府及醫療系統的功勞，最大的關鍵在於「信任」，尤其在訊息氾濫的數位時代，錯誤消息及假消息滿天飛，以至於科技愈發達，人心愈不安，社會更呈現一股焦躁不安及恐慌悲觀的氣息。那段時間，我自己除了勤奮寫《心經》、念《心經》之外，也認真寫臉書，希望這樣的書寫有助於正確訊息的傳播，以及讓民眾更安心、放心。

我當然了解，在臉書公開表達意見必然會暴露隱私，甚至招來批評。不過因著這樣的機緣，我也得到了一些彌足珍貴的反映及友誼，甚至增進了對自我的認識。承蒙出版公司的厚愛，我將此四年期間在臉書發表的一些散文集結成書。這完全是意外，儘管我自己也出版過多篇學術論文及三本民眾醫學教育的書！本書其中一章〈醫在瘟疫蔓延時〉的章名，是為了向我最敬佩的作家，賈西亞．馬奎斯（Gabriel García Márquez）致意，他的名著《愛在瘟疫蔓延時》，描寫霍亂時期的愛情令人感動，其另一本名著《百年孤寂》裡的名句「生命中真正重要的不是你遭遇了什麼，而是你記住了哪些事，又是如何銘記的」，更是我的座右銘！

從小，我一直在反覆探詢的問題，是生存的意義和生命的價值，隨著年紀漸長，我了解到「成功並不是看你銀行戶頭裡有多少錢，而是看你在人生遇見並影響了多少人」。對我而言，如果人生有值得熱愛的人事、一份自己覺得有意義的工作，就是幸福。希望讀者們可以從這本不成熟的作品，發現一個醫生內在燃燒的感情，對於人類智慧與善良永遠的傾心、健康誠實的讚頌，以及對愚蠢自私的極端憎惡的感情，能讓讀者即使面對當前一切的懷疑，還能保持著人生向上的憧憬。

雖然現在年輕人已經較不喜用臉書，但我還是喜歡用臉書來記錄生活，本書的多數內容也是由臉書發表的內容點滴積累而成。曾看過一句話是這樣的：「我們今天的努力，都是為了明天的回憶。」保存回憶的方式多樣，可以是文字、照片……，但重要的不是方式，而是紀錄，任何形式的紀錄，都是為了以後有跡可尋。沈從文說：「美好的事物應該長存，美好雖然易逝，但紀錄可以定格為永恆。一頓美食、一次出遊、一場聚會……平凡的生活都值得收藏。好好生活，慢慢記錄，把生活過成了一首詩。」

現在已不流行「心靈雞湯」，而「數位毒品」廣受歡迎，但我還是期許透過這本書，在網路一片為增加點觸率及聲量而充斥一些負面消極的訊息中，能有一些正面力量，以激發青年的自尊心和自信心，使其在事業上有以自現，在學術上有以自立，因為我不贊成憤世嫉俗和玩世不恭的態度。

我是一個醫生，我關心的是人，熱愛家鄉與社會。我傾心農業社會特有的那點正直樸素的人情美，也相信「與善同行、放心從容」，但願這「近乎荒唐的理想」可以給生活中正陷於困難中的人們，增加一點對生活的勇氣和信心，並得以繼續堅持工作，從勞動中得到快樂、創造價值、增加幸福。

第一部

始終是嘉義

”

出生在嘉義，父母來自台南，十八歲以前是嘉義人，之後北漂以台北為安身立命處。嘉義和台北是我的家，工作後，台大醫院也是我的家。

在已經是一日生活圈的台灣，還會有鄉愁嗎？如何解憂？我們喜歡笑問客從何處來，其實從哪裡來不重要，要往哪裡去才要緊，大抵心安即是家。

“

第一章

諸羅・人文薈萃

嘉義：我的故鄉，我的起點

相信有一輩人小時候都聽過「一二三到台灣，台灣有個阿里山」這句俗諺。阿里山就在我的出生地嘉義，古名諸羅，建城已經三百多年，我老家蘭井街上有一口荷蘭人挖的井，可見那時嘉義已有荷蘭人的足跡。

國中時，我常參加作文比賽，有一次題目為〈我家門前的路〉，有一點像現在學測或指考的生活化考題。我家所在的蘭井街，在嘉義市是窄小的單行道，沒有大通（中山路，許世賢市長所修）或二通（中正路，清代最大的商業街道）的繁華，也無文化路（小吃集中地）的熱鬧，但是街名大有來頭。

荷蘭人曾經在亞洲留下不少文化和影響，例如日本就有學者專門研究江戶時期荷蘭人帶來的文化、知識等，稱為「蘭學」。在台灣，荷蘭人除了留下台南的赤嵌樓，古名諸羅的嘉義也有不少與他們相關的痕跡。比如，荷蘭人頭髮偏紅，被稱為「紅毛」，而嘉義就有紅毛埤，我家街名紅毛井也是源自於此！

蘭井街還有最早在諸羅八景排名第一的「蘭井泉甘」，不過雖被稱為「景」，但非為勝景，實為古蹟！住過蘭井街的名人以畫家陳澄波最富盛名，他老家就在蘭井街與國華街交會之處。

此外，一座城市的歷史有多久遠，從廟宇也可得知一二，嘉義城隍廟即為例證。

人這一生，進退取捨，何其艱難，當我們受挫迷路時，需要信仰的力量支持我們繼續前行，信仰是深水龍珠，也是定海神針，信仰在，人在；信仰亡，人危。愛與正義，是所有宗教的精髓。只要心存善念，諸惡莫作，諸善奉行，廣結善緣，慈悲的神佛就會與我們同在。

我喜歡過年到廟裡走春，祈求家人平安。若是該年回嘉義的高鐵票買到的是下午出發，偷得浮生半日閒的我，就會先到台北龍山寺拜拜。龍山寺自清代即是泉州人信仰中心，以觀音菩薩為主神。「家家阿彌陀，戶戶觀世音」，菩薩大慈大悲、聞聲救苦，時刻以拔除眾生痛苦為己任，有求必應，因此深受民眾愛戴，香火鼎盛。我總是想著，若我們醫者父母心也能效法菩薩心腸，具慧眼慈心，也一定可以達成解決病人痛苦的責任！

龍山寺旁邊除了著名的各種小吃外，也有青草巷，頗符合我們常說的「也要神、也要人」。能夠兼顧腸腦軸平衡、身心靈皆健康。關於人性，悲觀者如魯迅：「荒田無人耕，一耕有人爭。肚裡無食無人知，身上無衣受人欺。合伙租船船會漏，兩家養驢驢會瘦。」然而，我在廟宇和市場感受到的是人與人和一切眾生，如一巨網，互相依存，互為貴人。尤其是在迎新送舊，適合藉此機會表達對所有我的貴人感謝和感恩的時候，特別有感。

留在台北時參拜龍山寺，回到嘉義，參拜廟宇也是必然行程。不只是我，成長於有好幾座歷史悠久大廟的嘉義，這裡人的生活與其密不可分。

一六八四年（清康熙二十三年），清廷設置諸羅縣。那時因此地居民眾多，因祖籍差異而信仰多元，設有不同的寺廟，各地也有其角頭，分境（廟）而治，此風俗源於福建。

嘉義城隍廟現在是國定古蹟，當時是由諸羅縣令周鍾瑄及縣民合作，於一七一五年（康熙五十四年）建成，是台南以北第一座官建廟宇，更是清初一府三縣唯一原地（於吳鳳北路）保存的縣級城隍廟。

不過，嘉義最古老的廟宇並非城隍廟，還有一座建於一六八九年的雙忠廟（位於忠孝路，又名元帥廟）的歷史更久遠，是為紀念唐朝死守睢陽的張巡、許遠而建。至於位在北榮街的仁武宮，則是一七〇一年建廟，主神是保生大帝吳本，其醫術高超、仁醫武德，又名大道公，是泉州籍軍民的守護神。

圍繞著有悠久歷史的廟宇，周邊的庶民生活更是豐富。從火車站沿著中正路（嘉義人稱「二通」）前行，可經過嘉義人的食倉——西市場和東市場，其外就是西門和東門。中正路兩邊再擴散出去的地方，則是過去的城中心，少數殘留至今的洋房，見證了過去的繁華，留下了古意的痕跡。

嘉義是米食的天堂，碗粿、米糕、火雞肉飯，都讓人口齒留香，愛不釋手！只是嘉義的米糕是筒仔米糕，而台南人的米糕則是嘉義人的油飯。我爸爸是麻豆人，媽媽是善化人，我在嘉義出生長大，寒暑假常在善化或麻豆度過，所以我知道台南有的小吃，在嘉義都找得到，且兩地的生活步調極為相似。

從移民史來看，嘉義吃的多元，更是台灣文化的縮影。諸羅山設縣時，眾多來自漳州泉州的移民帶來了他們偏愛的水晶餃、肉圓、蚵仔煎等地瓜粉小吃，還有潤餅（春捲）。後來日治時期，由於阿里山是三大林場之一，造訪、長居此地的日本人帶來了羊羹、日式饅頭、紅豆丸、銅鑼燒等日式點心。以前七虎少棒隊的主將盧瑞圖，他們家在噴水圓環的新台灣餅店，即是製作這類點心的代表名店之一。北門及西門附近，也是在這個時期開始有了咖啡館。最特殊的是嘉義涼麵常拌的美乃滋，其靈感得自日本的蛋黃醬。比較不為人知的是炒鱔魚麵搭配的高湯，並非大骨熬煮，其主角，是日式高湯的靈魂食材——柴魚！

國民政府時期，由於水上機場之故，引進眷村味，烙烤燒餅、甜酒釀、陽春麵、香腸臘肉，甚至垂陽路還有「共匪餅」。我們那屆畢業生應屆考上台大醫科七位，加上兩位重考生，就於當時最有名的外省菜餐廳「明故宮餐廳」宴請師長。

再加上得天獨厚的平原、山林、海洋的恩賜，愛玉、虱目魚、牡蠣、炒螺肉、炒鱔魚、草魚湯，甚至還有三仙（鮮）湯（鱔魚、鱉、青蛙），琳瑯滿目的熱炒、生猛河鮮和海鮮。值得一提的是，很多人不知道，著名的嘉義雞肉飯，其火雞肉主要來自雲林。來自雲林的雞，竟是在嘉義有了聞名全台的身分。

法國美食作家布里亞·薩克蘭說：「告訴我你今天吃了什麼，我就能猜到你是怎樣的人。」對嘉義人來說，吃，的確是有著深厚而獨特的文化、歷史底蘊。

嘉義知名的旅遊景點也不少，阿里山是其中最受歡迎的，遊人不斷，不過我的在地人私人景點很生活，常常在嘉義高中旁的嘉義公園、植物園、孔廟閒晃，漫步其間，累了休息一下，或是拿本書找張椅子，都可消磨半天時光。

嘉義公園也是知名畫家陳澄波最愛的作畫地點，他有不少畫作是以其作為主題，公園裡也有擺上他畫作的複製品，以懷念這位出身嘉義的偉大畫家。出身嘉義，以畫畫知名的人士除了像陳澄波這樣的專家，醫師畫家張天鈞、吳寬墩也均畢業自嘉義高中，不知道這是否代表一種傳承？

不只畫家，這個人文薈萃之地還「盛產」醫師。每年嘉義地區的高中學子考上醫學系的比率，都在全國名列前茅。

民國七十一年，我剛到台北時，一口純正的台灣國語吸引了天龍國建中畢業的同學笑問：「客從何處來？」我戲謔地回他說，我是來自嘉義的「僑生」，想不到竟有人相信。

嘉義是我出生、成長的地方，一路走來，我身上故鄉的特色與精神，一直都在。

從嘉義到台北

#「黃土高原」上的青春歲月

高中時，循著正對學校的志航街直上，有一陡坡，被稱為「嘉中坡」。從坡底騎腳踏車一口氣衝上去，就是國立嘉義高中的校門，教官常站在那裡守株待兔，氣喘吁吁的遲到同學無一漏網！現在的校門已經改到大雅路那一側，沒有能橫衝直上的嘉中坡，可惜學弟妹們如今上學少了一項樂趣！

從嘉中坡入校園，第一個映入眼簾的，是被我們叫做「黃土高原」的大操場，上頭有個司令台，背後刻有校訓「質實剛健」四個大字。當時作為嘉義最高學府的嘉中，校方免不了有相當的升學壓力，但是學校仍重視均衡發展，紅土球場體育場、游泳池各項設施樣樣具備。說來羞赧，旱鴨子的我，當時游泳這科是不及格的。

不只游泳，高中時的我有不少不擅長的科目，例如美術，這是嘉中的強項，但我偏偏欠缺慧根，音樂也是一樣。當時我們的音樂老師是省字一哥，我們在背地裡叫他鐘樓怪人，因為音樂教室與其他教室分開，單獨位於另一棟大樓，常常在那樓裡出沒又沉默寡言的他，儼然像聖母院裡的加西莫多。音樂科的期末考試，是學生自選一首歌曲演唱，由老師鋼琴伴奏，評分非常簡單，若能整首唱完就是一百分，但輪到我時，我只唱了一句，老師就很客氣地請我下台，最後我獲得的分數，是剛好及格的六十分。

少男情懷總是詩，當時的國文課讓我們這群男同學很有感，因為剛從師大國文系畢業的女老師，讓懷春少年心生嚮往，上起課來是極度地專心致志，因此雖然我念的是理組，同學們當中有不少人國文科成績極佳，成了強項。

嘉中校園極有人文氣息，有小小椰林大道、九二一地震後重蓋的樸毅樓，還有親愛精誠銅像對面的樹人堂，不過最讓人驚嘆、印象深刻的，非中庭枝葉茂密伸展得幾乎遮天，嘉惠無數學子涼蔭遍地的「校樹」，百年雨豆樹莫屬了。此外，我在大學時迷上明朝一哥王陽明，後來回想起來，嘉中剛好也有一棟陽明樓。

富有歷史意義的建築物、良好的自然景觀，加上師長的諄諄教誨及和志同道合的同儕一起學習，耳濡目染下，我們不知不覺培養出質樸、剛毅、寬宏、懷恩等特質。畢業校友也不吝以慷慨、樂觀、健康、責任回饋社會及母校。

#從「行俠仗義」到「行俠仗醫，以醫弘道」

我們家族並無任何人和醫有淵源，我也並不是從小就立志當醫生，父母一直以來僅要求我要當一個「有用的人」，但一路走來，卻冥冥中似有注定。

喜歡無書不讀的我，幼時先是跟在長年茹素的母親身邊念了不少佛書，也頗有佛緣。當時，嬸婆曾跟我媽說，這孩子將來可能會從事濟世救人的行業。

二〇一八年農曆年前的某個假日，我在台北，陰雨天氣中我沿著萬壽路爬上指南山，在參拜完呂祖後，無預警拜訪好友高超文主委。超文兄為我導覽他新完成的《呂祖心經》，上頭的字是由剛病癒的水彩畫大師陳陽春所寫，而且他的陽春畫室也在山上。於是，我順道探視大師，他談鋒頗健，不僅慨贈畫冊，還說要送我一幅謝匾，要我自己選字，他之後會抽空完成。

正在苦思之餘，我眼角餘光瞥見大師自述習藝心路歷程的「以藝弘道」四個大字，便大膽提出，請他為我寫「以醫弘道」。大師笑笑，一口答應。原想大師忙碌，且請他提字者如過江之鯽，這件事在過完年便被我慢慢淡忘，想不到不久後我就拿到大師致贈的匾額了。除了佩服大師言必信、行必果的俠客風範外，更勾起我回憶年少輕狂時的習醫歷程。

功課不錯的我，高中聯考後迷上武俠小說，整天在古龍和金庸的世界裡悠遊，夢想自己是武藝高強的大俠令狐沖，足以行俠仗義、幫助人，笑傲江湖！高一升高二，要選往後要讀甲、乙、丙、丁哪一組時，我執意要選甲組，去念理工科，因為覺得這樣才是真爺們。當時普遍成績好的學生，幾乎也都以丙組的醫科為目標，我突如其來下了一個別出心裁的決定，這下老師和爸媽都急了，死拖活勸，最後終於把我拉回針對農、醫學院招生的丙組，之後也順利考上大學。

然而，在成為醫生之路上，我卻並未全然拋下武俠，一心向醫。

大學前四年我繼續做夢，在繁重的課業中依然嚮往俠士的自由精神，最喜歡上的課是國文和哲學，老莊哲學尤其深刻吸引我。我喜歡老子的赤子之心，他見素抱樸，更知道體常，樸實無華；也喜讀莊子的〈逍遙遊〉，就算世道再壞，人也可以追求內在超越——這些哲儒大家，在在都像武林高手，各個身懷絕技！

完成醫學院的學業到進入寶山醫院，從實習醫師到內科住院醫師，再到教授，一切看似偶然，但其實始終不離我的大俠夢。

大俠需要一身好武功才能行俠仗義，醫師擁有的一身知識與技術，就如同絕世武功，能夠「行俠仗醫」。

醫療是經營善行的志業，不只是一份工作或職業，除了從病人的角度出發、服務外，為了更上一層樓，成為能夠救助更多人的「一代宗師」，必須和同事、學生及病人一起研究，探尋對抗病魔的絕世武功，寫下自己的獨孤九劍劍譜，再傳授給有緣人。這教學研究服務再苦，我也甘之如飴！

醫療這門功夫十分專門，病人與醫師之間的資訊或知識量時常是不對等的，許多時候需要醫師替病人做選擇，也因此，除了一身的武功，醫師更需要的是從病人角度出發，為之思考、體察，而不是以醫師自己的角度擅下決定，如此甚或可能造成道德危機。

青澀時期的我看似繞了遠路，但成了醫者後，我漸漸察覺，過去喜讀的武俠小說，和大學時期傾心的老莊哲學，都成了我行醫時充沛的人文素養來源。

陳陽春大師的匾額，習醫一路以來對我傾囊相授的師長，和我共練絕世武功的患者、同事、學生，還有不讓我「走火入魔」的親人朋友，是我堅定繼續勤練武功，行俠仗義，以醫弘道的最強大後盾。

第二章

離開而又從未離開

王維在〈九月九日憶山東兄弟〉這首詩這麼寫到：「獨在異鄉為異客，每逢佳節倍思親。」我十八歲後就離開嘉義，北漂就學、工作，不過幸而台灣不大，每到逢年過節團圓的日子，只消買張車票就可以回到嘉義，不會像古人這般，有「幾多惆悵，情緒在天涯」，更不會有近鄉情怯之嘆！

第一次感受到鄉愁，是在結束總醫師任期，到邁阿密短期研習胃黏液（mucin）時。適逢中秋佳節，孤身在海另一頭的我，雖然在異地精神激昂興奮，卻沒有「外國月亮比較圓」的感覺，反而有杜甫詩句「露從今夜白，月是故鄉明」的傷懷。

那次之後，隨著出國開會的機會增多，對異地、異文化的了解日漸深厚，我也從見到什麼都興味甚濃，逐漸變得老練、世故，每次踏出國門雖也會短暫開心，但隨著遠行的距離與時日增加，最後總是只想趕快回家。

印象最深刻的一次，是二十多年前我初次的歐洲之旅。

第一次到音樂之都——奧地利的維也納——開歐洲消化系聯合會，初來乍到的前面三天，猶如劉姥姥逛大觀園，此地不愧曾為奧匈帝國首都，一草一木都讓包括我在內的一群來自台灣的胃腸科醫師驚豔，深深為這美麗的城市折服。然而，當異鄉行來到第四天，周身景色依然漂亮，舉目所及的建築仍充滿悠久歷史的獨特美好，我們卻覺得渾身不對勁，只見眾人沒了初始的興奮，漸漸無精打采了起來。第五天時，有識途老馬提議，說離維也納二小時車程處的鄉間，有台灣人開的餐廳，何不一塊前去造訪，嘗嘗這十萬八千里外的家鄉味？於是一群腸胃科醫生二話不說，欣然同意，浩浩蕩蕩前往。

我們於是長途跋涉，花了約二小時的車程，只為一解思鄉之情。一路上，大伙談的都是台灣小吃。一開始是我與年齡相近的台南成大許博翔醫師起的頭，聊起自己獨鍾的小吃，原本就飢腸轆轆的車上眾人後來紛紛加入戰局，訴說自己故鄉的美食有多好吃、滋味如何、用料如何；這一家和那一家哪家才是正統古早味？在地人最推薦的又是哪一家？後來還是市立台南醫院的牟聯瑞院長受不了，撂下一句「麥擱講啊！」眾人才不甘願地閉嘴。

終於到達目的地，老闆娘使出渾身解數，端出各式佳餚，使得我們更如蝗蟲過境般，以令人驚異的速度，把店主人準備的餐點一掃而空。其中一鍋滷肉最受歡迎，最後連湯汁都見底。最後我們清點「戰績」，發現剛才在車上叫我們別再說了的牟院長食欲最旺、成績最佳，吃了白飯七碗，從此以「呷七碗」名動江湖！因為我們這群人實在太捧場，離開時，正在維也納學聲樂的店主還特地為我們詠唱台灣民謠，十八相送。

說也奇怪，經此一餐後，原本的不舒服竟然不藥而癒。原來，我們所謂的homesick（思鄉病）實乃 stomach sick，起因於胃，只要安撫了胃腸，心情就好。

很多人嘴巴說不愛國，胃卻是最誠實。故鄉的美食確實最能療癒人心。有時候，鄉愁的解藥不過一碗滷肉飯。台灣小吃就是有那個能耐，能在遙遠的異國治遊子百病。

我雖然離開嘉義多年，卻像始終沒有離開過。尤其是腸胃，這麼些年來始終還是屬意嘉義口味，三不五時就必須吃點熟悉的小吃。記得有一年過年，很多平常會造訪的店都沒有開，讓我不由得渾身不對勁，好不容易捱到了初三，發現家旁的華南碗粿開張營業，便迫不及待地去買了一碗。

幸福很簡單，九十元的碗粿配米糕和豬血湯，胃滿足，心便歡喜。我這個嘉義的孩子，不管是迢迢到了台北，還是迢迢到了維也納，總還是在找嘉義的味道。

離開嘉義，北上就學、工作，在台北居住了許多年，現在我的嘉義風台灣國語雖不到字正腔圓，但是也逐漸「馴化」得幾乎聽不出南部口音了。每次碰到有人問我是「哪裡人」，我都會這麼說：「籍貫台南，出生嘉義，安命台北。」

作家畢飛宇曾分析：「人們過的並不是自己『想過』的日子，也不是自己『不想過』的日子。人們過的是自己『可以過』的日子。」我想，重要的不是你從哪裡來，而是你要到哪裡去。只要是能夠讓我們踏實工作、安身立命，並且能夠找到人生意義的地方，就是故鄉，就是歸途。正如蘇軾〈定風波·南海歸贈王定國侍人寓娘〉一詞所說：「試問嶺南應不好，卻道，此心安處是吾鄉。」

嘉義是我的家，台北是我的家，台大醫院，也是我的家。

第三章

為嘉義與我的時代而寫

我出生嘉義，對故鄉懷有深刻情感，也因此有幸為書寫嘉義的著作寫過推薦的文章，另外也有對自己這一輩人的感懷文章，收錄於此，記家鄉，也為我輩中人而寫。

鄉愁美學，尋找記憶中的諸羅：《日落諸羅城》

「君自故鄉來　應知故鄉事。」一個人對故鄉的懷念，總是和那些自己過去生活有密切關係的人、事、物連結在一起，故鄉的親朋故舊、山川景致、風土人情，甚至特有的吃食，都值得懷念。很難想像「婆娑之洋、美麗之島」自一九七〇年初開始，關於台灣文學興起所謂的「鄉土文學」論戰，以「擁抱鄉土、關懷現實」為主旨，渴望用「台灣人以台灣的語言，描寫台灣的現實」來和中國文化帶有民族主義色彩的文學做區隔。這種渴望用自己的語言，渴望描寫自己的社會，對其他國家的作家而言難以理解，因為那是再自然不過的事。然而，台灣過去百多年的歷史，曾兩度受到外來政權的統治，使得這等在美國、日本文壇非常平凡之事，變得無比艱難！

《日落諸羅城》一書的作者余家利教授和我，皆是離鄉背井北漂來台北生活的異鄉客。余教授一系列小說，描述自幼熟知的人、事、物，寫來遊刃有餘，運用包括母語的各種語言，或直抒胸懷、或託物寄懷，都不事雕琢，無不體現他對家鄉的關心和熱愛，讀來令人興味盎然、愛不釋手！

諸羅是嘉義的古名，因為當地人在林爽文起事之變時奮勇抵抗，清廷「嘉其忠義」，後才改名嘉義。人文薈萃的嘉義出過不少名人，從清朝的太子太保（太保地名由來）王得祿、阿里山忠王祠奉祀的吳鳳通事，到因二二八事件喪命的美術大師陳澄波，乃至近代「一門三市長」，母親和二位女兒當選嘉義市市長的許世賢、張博雅、張文英。雖然很晚才有綜合性大學，但是嘉義中學一直是培養醫生的搖籃，公明路素有「診所一條街」之名。

除了平地居民，嘉義也有原住民鄒族徜徉於擁有「日出、晚霞、雲海、神木、森林鐵路」五奇的阿里山。雖然沒有米其林餐廳，但是嘉義小吃同台南齊名，特別是火雞肉飯、砂鍋魚頭、方塊酥，全台知名！

除了是「民主聖地」外，嘉義也是「野球王國」的發源地。日據時代的嘉義農林學校勇奪甲子園亞軍的故事，是電影《Kano》的故事來源，該校培養出來的球員，更是後來紅葉傳奇的推手，更不用說第一支進軍世界少棒賽的「台中金龍」，是以嘉義出身的球員為主力。可惜，後來因大量年輕人口北漂或南漂，加上嘉義當地無大型工業區，靠傳統產業為主軸，近年來逐漸成為老年城市，余教授才有「樂活老人村」之嘆，但從另一角度來看，這未嘗不是嘉義的轉機，可以成為台灣高齡社會老人慢活的桃花源！

浩瀚歷史如煙流轉，風流人物無數。然人心即歷史，歷史即人心，我們站在歷史的長河中逆流而望，便能看出真正人心，這人心的渴望簡單不過四字：安居樂業！

當一個地方對我有了連貫的意義，我就不再是過客。我屬於這裡，這裡也屬於我，那是我身心得以安歇的所在，即使浮光掠影的片刻，也能體驗出生活來。

「認識你自己」是著名希臘哲人的名言，在余教授這本尋找記憶中的諸羅的著作，不僅有鄉愁的美學，如能體會作品背後「認識你自己」的艱難，相信更能理解字裡行間許多幽微的情感！

人間有味是清歡：《消失的蓬萊古早味》

丹麥哲學家齊克果名言：「生命只能在回顧中領悟，但必須在前瞻中展開。」余家利教授用他生花妙筆寫出的《消失的蓬萊古早味》，描述台灣從物質匱乏的艱困環境到經濟、社會、文化改變的大變也大好的時代。對於尚未輪到「博愛座」，卻也還沒撿到「貴賓座」五年級世代的我，讀起來心有戚戚焉，相信對三四年級生也一樣回味無窮、妙趣橫生，因為這是一個辛苦的年代，但是充滿希望的辛苦，而心不苦！

懷舊二字出自於希臘文「Notos」（解返家鄉之意），以及「Algos」（帶有痛苦及悲傷狀態）二字組合而成，意思是透過每個人過去經歷和體驗過的難忘情事作為刺激，回想起過去酸甜苦辣鹹，五味交陳，百感交集的美好時光。《消失的蓬萊古早味》當中描述就學、育樂、飲食的一些場景及滋味，對七、八年級生或數位時代的原住民可能是天方夜譚，但卻是實實在在發生過的事。

那是髮禁及戒嚴的年代，「男生的和尚頭與女生的清湯掛麵」、「漫畫小叮噹、老夫子、四郎與真平」、「卡通太空飛鼠、雷鳥神機隊、小英的故事、小甜甜、科學小飛俠、無敵鐵金剛」、「長壽連續劇包青天、保鏢」、「紅仔標、玻璃珠及中秋月餅紙作為蒐集物件」、「一二三自由日要聽谷正綱演講，但是聽不懂講什麼」、「兒童節會收到健素糖當禮物，長大才知道是給豬吃」、「地理歷史要背長江黃河流經那些省分、但不知道濁水溪、東港、西港、南港、北港在那裡」、「演講或作文比賽不管什麼題目，最後都會以復興中華文化、消滅萬惡共匪、拯救大陸同胞、三民主義統一中國做結尾」、「朝會聽到蔣總統一定要立正」、「作文寫到總統，若沒有空一格就死定了」、「大學很難考，俗稱窄門，但也產生電影門裡門外，拒絕聯考的小子」、「大學在校外偷開舞會，如果遇警臨檢，馬上開燈關音響變成包餃子或煮湯聚會」、「有 BBCall 就很了不起，用數字就可以發簡訊，譬如０５２０就是我愛你，懂電腦就是學過 Cobol, Basic, Fortran，沒有ＰＣ沒有 internet，只有半夜登記排隊上機房」，這一切的一切對七八年級生是那麼難以想像，多麼不可思議，卻是三四五年級生的共同回憶。

然而余教授寫作此書並不僅於留下追憶紀錄，或只是白頭宮女話當年的唏噓。他更有促進不同世代之間相互理解的企圖心，藉由細心的回看從前，找到專屬於自己現在的感動。相對於成長於更多寵愛、高度關注、物質環境更為優渥、教育過程更為民主的新世代而言，「賺大錢」、「出人頭地」已不再是他們人生的首要目標，他們流行的是小確幸，看重的是婚姻平權、性別平等、司法改革與勞工權益。追求的是公平、理念、價值，工作和生活品質均衡。然而童年的純真，青春的美好，卻一直都是不同世代歌詠的永恆共識。

太史公司馬遷有言：「天下熙熙，皆為利來；天下攘攘，皆為利往。」貧困者追求富貴，富貴者追求享樂和刺激，人類社會千百年來的歷史，也就是法律、宗教、道德、藝術與人欲望的鬥爭與平衡。日益先進的科技在利潤驅動下的快速發展，讓我們生活腳步愈來愈快，但也可能因此背離了快樂幸福的正常軌道，例如交通的便捷使人們失去了旅遊的快樂，通訊的快捷使人們失去了通信的幸福，食物的過剩使人們失去了吃的滋味。作為吃貨、官場中人和文藝青年的蘇軾用他的詩詞告訴我們「人間有味是清歡」。

在看遍世間繁華之後，才懂得生活的真諦，便是內心深處的那份淡泊寧靜；而真正的淡然，不是遠離車馬喧囂，而是在內心修籬種菊。余教授的這本大作，喚起回憶，也告訴我們逆境中快樂生活的故事：「無所往而不樂者，蓋游於物之外也」。值得三四五年級生好好回味，也可以作為七、八年級生了解那個時代，這些人的成長歷程及價值想法。

第二部

典範・醫療

”

工作若是樂趣，人生就是天堂；
工作若是義務，人生就是地獄。

——高爾基

“

第四章

人醫・仁醫・良醫

我剛當實習醫師及住院醫師時，與現在相較，人們的視野窄得多，而且對什麼樣的人才配做什麼樣的事有深刻的成見，例如：只有處理攸關人命的內科、外科、婦科、兒科這四科的醫生，才真正被視為「先生」，而且那年代，只有在校與實習成績足夠好的人，才能進這四大科。

實習時，我曾給一位中生代外科老師帶過，他對我說過的一番話，至今我仍記憶猶新。他說，當醫師的人分四種，有金、銀、銅、鐵。以他家為例，他們三代為醫，祖父是金、父親是銀，他呢？則是銅。沒錯，這位老師那時候對著我語重心長地說：「你是鐵，醫師像公務員，現在是鐵飯碗的時代！」

醫師這行的確就像那位外科老師說的，是個鐵飯碗，在工作上有保障，生活不成問題，但要在這條路上長遠走下去，還需要足以支撐你往前走的力量。

我後來選了內科作終身的志業。當時我所見、所耳聞的內科教授每個都像傳奇一般，風骨皆非凡，深受後輩及病人尊重。從一個細微處可見他們有多受敬愛，每次查完房，內科教授都會去洗手，這時候一定有人在旁協助，恭敬地遞上擦手用的毛巾。見他們如此，我深感「有為者亦若是」，景仰不已，也想成為如此令人信賴、尊敬的醫生。堅持初心，懷抱著熱情，就這樣，我一路在內科的領域耕耘迄今。

當一個好醫生，需要具備什麼特質呢？

某一年，為了提升全院同仁的人文素養及同理心，台大醫院舉辦景福講座，請來台灣最會說故事的歐吉桑——吳念真導演，他不愧是我們的莎士比亞，娓娓道來，全無冷場，一如我們看他編導的舞台劇，有情有義、有血有淚、笑中帶淚。

吳導說，醫生和他有個共通之處，那就是我們都是接觸人、處理人的事，只是我們是治療，他是撫慰，而好的醫療一定是能減輕痛苦的，「To cure sometimes, to relieve often, to comfort always」。確實，醫療的確是「有時治癒，時常緩解，總是撫慰」。

一個醫生必須有音樂家的耳朵，戲劇家的嘴巴，在病人痛苦時能用精確的聽覺去辨別痛苦，用明快的語言清除疑慮，安撫病人、減輕病人的痛苦。

套句吳導的名言：「台灣最美的風景不是人，而是好人。」醫生在成為醫生之前，先是一個懂得痛，懂得快樂，懂得人情的人，而這個人瞻仰著有仁德的前輩，在仁慈的環境中養成，最後才成為一名良醫。

雖然沒有醫療執照，但我想，吳導也是肝苦人的好醫生。

現在，我好不容易熬成教授，甚至成為醫學系主任及內科醫學會理事長，時代已往前走了好遠的路，現在醫界的環境，也和當初「鐵飯碗」的時候大不相同。

我發現，就連自己指導的學生在選科時都不考慮內科，而根據內科醫學會統計，已經有十年左右，全國住院醫師開的缺都收不滿。遙想我們那年代，只有成績佼佼者才能擠入內科這扇窄門，對比今天的情況，情何以堪？

造成現今醫界生態改變的原因很多，而不能否認的是，除了時代的因素，健保給付無法反映醫療從業人員付出的程度，絕對是其中最重要的原因之一。偉大的健保制度讓每個民眾都看得起病，但是獨大的結果，尤其是只重財務，將付費者代表意見擺第一，醫療院所及醫學會變成居於被動諮詢的位置，後果是醫療生態的不自然改變，使得醫界裡輕薄短小、利多本少的行醫方式，愈來愈普遍且大行其道。像內科訓練長這樣值班多的位置，就不受年輕學子歡迎，而健保以外可創造新的收益的科別，例如皮膚、眼科、骨科、復健科，則眾人趨之若鶩。

制度一定要讓負重前行的人得到應有的報酬，而非用道德的高帽壓倒一群善良的人才，也千萬不要讓我們的醫生必須犧牲善良，才能獲得正當權益。

我們到底是要照顧患者的人醫、視病猶親的仁醫，還是術德兼修的良醫，始終是關鍵。不過，這些年一路走來，無論是想成為人醫、仁醫還是良醫，我認為除了前述的理解人事、懂得體察與人情，醫者還需要的特質，是無畏且大膽創新做自己的信念，和能夠堅持到最後一刻的硬頸精神，就像對上巨人歌利亞的大衛。

大衛對歌利亞：以小搏大逆轉勝

二〇一八年十二月二日，內科醫學會年會請來香港中文大學醫學院院長陳家亮（Chan FKL）。陳教授為香港中文大學畢業生，是世界知名的胃腸醫學專家，他本人的著作等身，難能可貴的是，他可能是唯一以第一作者在《新英格蘭期刊》（*New England Journal of Medicine*, NEJM）及《刺絡針》（*Lancet*）各發表三篇和五篇原著的學者，不僅研究傑出，也榮獲多次香港中文大學學生評選的教學獎殊榮，難怪他不到五十歲即成為中大醫學院院長。

那天，陳教授以〈大衛 vs. 歌利亞〉（David vs. Goliath）為題做大會主題演講，精闢的論點搏得滿堂彩。

大衛和歌利亞的故事記錄於《希伯來聖經》（*Hebrew Bible*）中的《撒母耳記》（*Books of Samuel*）第十七章，大意是三千多年前掃羅王（Saul）帶領以色列人迎戰非利士人（Philistines），後者派出身高超過兩百公分的勇猛戰士歌利亞，連續四十天，每天兩次向以色列發出挑戰，以一對一的決鬥來決定戰役的勝負，但掃羅和全體以色列軍隊卻畏懼而不敢應戰。

伯利恆人耶西的前三個兒子皆從軍，只有小兒子大衛協助牧羊，狀況外的大衛奉父命給出征的三個哥哥送飯，聽見歌利亞的叫罵和掃羅允諾的重賞，即一口答應要擊敗歌利亞。大衛拒絕了掃羅提供的戰衣，只拿牧羊杖和投石器，並從溪中挑選五塊光滑的石子，就和身穿鎧甲頭帶戰盔的歌利亞對戰。大衛用投石器射出的石子精準擊中歌利亞的額頭，歌利亞應聲倒地，於是他用歌利亞的刀割下了對方的頭，以色列人因此軍心大振，追擊驚慌失措的非利士人到迦持和以革倫，光榮勝利。

大衛後來成為了以色列的國王，他以小搏大的故事，給後人許多啟發與值得學習之處，當中最為重要的是，面對龐然、看似不可能擊倒的強者，弱者如何能找到優勢而成就反敗為勝。

#弱者的起跑點

一般人的想法是，能完成像陳家亮教授那樣傑出研究的世界級學者，要麼智商過人，要麼出身名校。但陳教授語重心長的說自己是「逆境滋養韌性」（Adversity nurtures resilience），他既非ＩＱ三〇〇也非出身哈佛等名校，香港中文大學醫學院更比不上港大醫學院有百年歷史，創院只有三十多年，他在那就學時，剛開始上課的教室甚至是以貨櫃屋拼裝而成的。

在如此不利的條件下受教的陳教授，是如何開始他的研究生涯呢？他第一篇研究論文，是在小兒骨科當實習生時寫的回溯性分析六十五例小孩髖關節的暫時性滑膜炎（transient synovitis），發表於 *Hong Kong Journal of Pediatrics*（1989;

6:87-90）。他打趣說，此篇文章不僅很少人知道，可能也很難找到。當時，研究對身為實習醫師（intern）的他而言，只是忙碌生活中的眾多活動之一。進入中大腸胃科當醫師後，他第一篇國際論文是奧曲肽（Octreotide）治療胰臟肋膜瘻管（pancreaticopleural fistula）的個案報告，發表於《亞太消化系學會官方期刊》（*J Gastroenterol Hepatol*, 1994; 9:530-532）。雖然主編在回給他的信中說，因為他們的投稿接受率小於四〇%，所以能刊登已經是個成就（achievement），但當年這本雜誌在腸胃學領域的排名並非數一數二，陳教授說，看到主編鼓勵的話反而覺得像屈辱（humiliation），因為這證明了自己還遠遠不足。

即使並未在最初就大放異彩或有震驚世界的研究成果，陳教授仍不改其在這個領域尊嚴的志向。他在胃腸科的兩位老師是世界知名的：醫學院院長鍾尚志（Sydney Chung）及後來成為中大校長的沈祖堯（Joseph Sung），他們兩位灌輸、期望陳教授要做改變臨床醫學診療（practice）的研究。除了諄諄言教，兩位老師也以身作則，在《刺絡針》及《新英格蘭醫學期刊》（*NEJM*）消化性潰瘍領域發表幽門桿菌治療癒合十二指腸潰瘍及胃潰瘍的論文，讓陳教授景仰不已，以恩師為目標加倍努力。沈祖堯校長後來更是不餘遺力提拔、親自敦促陳教授，在研究上，常早上跟他說這件事情不急（not urgent），當天下午又會到研究室問他那件不急的事結果如何。他們師徒倆共同努力，開展了中大胃腸科在消化性潰瘍最輝煌的時期。

雖然起跑點不如人，但陳家亮教授憑著單純的熱情，甚或有些天真的信念，相信自己足以成事。

做研究，剛入門者最常頭痛的問題是選題，由於陳家亮教授的恩師在消化性潰瘍領域已有國際知名度，他順藤摸瓜之下，注意到香港病患比起美國，潰瘍出血的發生率更高，而且在幽門桿菌獨領風騷的年代，他已發現因消炎止痛藥（NSAID）引起的出血占總出血的四十四%。當時大家不注意也不看好此領域，但陳教授下了決心，不做則已，一旦做了，就要做到最好，決定挑戰當時難以執行的臨床試驗聖杯（holy grail）：雙盲安慰劑對照隨機測試（double-blind placebo control randomized trial）。於是，他秉著初生之犢不畏虎的精神，以初次關節炎病人的病例，探索幽門桿菌除菌能否減少此類病人的潰瘍發生率。

當然，通往成功的道路總是曲折，很快地，他遭遇了挫折。

陳教授的研究設計為將初次服用NSAID的患者分成二組：一組每日服用那普洛仙（naproxen）七百五十毫克，另一組則先除菌再服用相同劑量的那普洛仙。在八週後，實驗結果顯示單服用那普洛仙的那一組有二十五．六%的潰瘍，而先除菌再服用的這一組則只有六．七%，證實除菌可以預防服用NSAID產生的潰瘍，並將之發表在一九九七年的《刺絡針》。

挫折其實是一種鼓勵

就在陳教授高興於自己完成不可能的任務時，隨即而來的卻不是掌聲，而是洶湧的批評，其中以當時NSAID領域的領頭羊，英國諾丁漢（Nottingham）大學的克里斯・哈奇（Chris Hawkey）砲火最猛烈，他在期刊《腸道藥理學與治療學》（*Aliment Pharmacol Ther*, 1999）寫的評論，直白地說幽門桿菌不可能增加NSAID引起的胃黏膜傷害，並認為陳教授不甘接受此一保護效應是建立在受試患者因認知改變身心變化的保護作用事實。

面對排山倒海的同業指教，陳家亮教授就像面對巨人歌利亞，壓力滿盈。不過，逆境與挫折，在某種意義上來說其實是一種鼓勵，能讓人更加堅定地走在自己相信的道路上，更能夠鞏固信念、做自己。

儘管前一篇研究招致大師的嚴酷批評讓陳教授沮喪了好一陣子，但他很快重振心情，還是決意貫徹自己的信念，並著手再進一步研究。針對前一次實驗時認為只有在不使用NSAID的病人（NSAID-naive user）才有此效果，他同樣設計除菌與不除菌兩組，只是收案的病人改成NSAID的長期使用者，而實驗結果仍然相同，除菌組的潰瘍比率只有四％，未除菌組則有二十七％的人得到消化性潰瘍。第二次實驗結果同樣發表於《刺絡針》（二〇〇二），終於奠定了陳家亮教授在此領域不可撼動的地位，而此結果也寫進胃幽門桿菌臨床診療最為重要的指引「馬斯垂克共識」（Maastricht consensus），自此臨床認為在開始服用NSAID前的幽門桿菌治療有利於預防消化性潰瘍。

雖然取得了重大的突破，但陳教授並沒有停止研究的腳步，再接再厲探討服用阿斯匹靈（aspirin）且有潰瘍出血的患者。實驗設計為一組患者有做幽門桿菌除菌，一組則給予質子幫浦抑制劑（PPI）作為預防，結果發現兩組的出血復發率均很低（一·九％ vs.〇·九％），並將實驗結果發表於二〇〇一年的《新英格蘭醫學期刊》。

之後，由於號稱不傷胃的新非類固醇抗發炎藥劑（selective COX-2 inhibitor）問世，陳教授很有興趣，繼續探討曾出血過的高風險病患使用選擇性藥物希樂葆（celecoxib）和非選擇性雙氯芬酸（diclofenac）何者較能防止再出血。這時，他已經是名滿士林的重量級學者，不再是過去那位初出茅廬、名不見經傳的研究者了，於是向香港政府的研究單位和藥廠申請研究計畫，結果卻分別因為被認定「有商業利益」（commercial interest）與「危害商業利益」（threat to commercial interest）而吃了閉門羹。這兩個拒絕的理由互相矛盾，但總之都不通過，直讓人欲哭無淚！最後，陳教授決定用自己的私人經費（pocket money）進行實驗，終於在二〇〇二年的《新英格蘭醫學期刊》發表證實兩者皆無法有效預防潰瘍的報告。此一結果經《華爾街日報》、《道瓊新聞》、《路透社》、《彭博社》及《紐約時報》等重量級媒體報導，竟讓生產選擇性藥物的藥廠股價下跌了二・九%。

#因為不斷失敗所以我成功

陳教授引用籃球之神麥可・喬登（Michael Jordan）的名言，鼓勵大家不要怕挫折，又勉勵眾人要像曾國藩一樣屢敗屢戰，勇於挑戰。成功，是從不斷失敗的過程中煉成的。

他特別喜歡從已出版的臨床診療指引（guideline）找研究的點子。二〇〇二年美國心臟學會（AHA）及心臟學院（ACC）出版共同指引，指出新型非阿斯匹靈抗血小板藥物克隆皮得格（clopidogrel）對於因服用阿斯匹靈而發生胃腸副作用的患者應是首選藥物，而且當時心臟專家認為這是「class IA recommendation」，也就是有根據一個以上的隨機臨床試驗得到的證據。可是陳教授翻遍文獻，卻未發現有任何的隨機試驗支持，他便大膽挑戰此論點，將服用阿斯匹靈發生潰瘍出血患者，一組以阿斯匹靈加上氫離子幫浦阻斷劑藥物（PPI），另一組以克隆皮得格取代阿斯匹靈，結果一年後，發現前者只有〇・七%的潰瘍出血復發率，後者卻有八・六%（*NEJM*, 2005）。

此論文刊登後，陳教授馬上接到美國心臟學會及心臟學院兩位理事長的關切信，質疑陳教授此研究科學的合理性（scientific rationale）及研究設計的可疑性

（questionable design），當然，藥廠的不滿更是不在話下。可是真金不怕火煉，後續的一切研究均支持陳教授的論點，於是兩大學會轉而邀請陳教授一起撰寫新的臨床醫療指引，並在二〇〇八年的《循環醫學雜誌》（*Circulation*）發表報告，明確指出以克隆皮得格取代阿斯匹靈來預防高危險出血患者的復發性出血並非良策，而且效果比阿斯匹靈合用ＰＰＩ差。

#跳出框架思考、毅力與耐力的重要性

陳家亮教授的研究生涯中，很多成功都來自於無畏，他不怕去挑戰其他人深信但沒有證據的想法。

很多醫學上的共識或指引，常基於少數權威個人的經驗。他曾挑戰的研究對象，其中最困難的是同時有心臟病和關節炎，必須服用阿斯匹靈和ＮＳＡＩＤ，但胃腸又容易出血的患者。權威的想法是採用選擇性ＮＳＡＩＤ，如希樂葆，有

較低胃腸出血風險及較高心血管風險，而非選擇性NSAID，如那普洛仙，因為會有較高的胃腸出血風險及較低的心血管風險，因此建議在這些患者以那普洛仙合用PPI再加上阿斯匹靈。但是陳教授從二〇〇五年開始進行一項非藥廠支持的雙盲雙模擬法（double-blind, double-dummy）的隨機測試，發現在同時有心臟及胃腸風險且必須服用NSAID及阿斯匹靈者，比起那普洛仙併用PPI，以希樂葆併用PPI比較能預防再度潰瘍出血。

此研究自二〇〇五年五月二十四日收錄第一個個案，直到二〇一二年十一月二十八日的最後一個個案，光收案時間就長達七年以上，最後在《刺絡針》上發表研究結果時，已是二〇一七年。做了這麼久的苦功，忍受如此漫長的研究過程才能收穫璀璨的結果，因此陳家亮教授說，研究是孤獨且痛苦（Research can be lonely and painful）的，必須要有過人的毅力與耐力才能成功。

醫者，永不放棄

陳教授的故事，呈現了醫者永不放棄（Never give up）的硬頸精神，也告訴我們堅持（persistence）是行醫之人十分重要的根性。

台灣人常說「不能讓孩子輸在起跑點」，但因此而溺愛、養成媽寶者大有人在。其實，就像我們熟知的俗諺所言，「窮人的孩子早當家」、「千金難買少年窮」，能夠贏在起跑點是值得慶幸的事，但若因後來忍受不了挫折、缺乏明確目標，甚至無法堅持等原因，無論最初是站在何種有優勢的起跑點上，最後都會輸在終點。

更重要的是，我們需要勇於擁抱改變，才能在專業上遇見更好的自己。

這點非常有趣的，除了在作為志業的職場，我在家內也深有體會。經營家庭生活，勇於跟上變化，也是十分重要，通往幸福的一個重點。

俗話說「相愛容易相處難」，結婚前是各過各地不時相聚，結婚後是兩人共同生活，必須一起面對柴米油鹽醬醋茶等瑣事，還要忙工作和事業，不可能像戀愛時只有花前月下，盡情享受美好！

有人說，人都是上帝的半成品，在私人生活中能夠改變調整，就像在醫療領域中不斷求新求變、勇於挑戰，都能不斷完善自己。雖然懷舊是人類的一種自然衝動，促發了我們對變化的憤慨，但是勇於接受挑戰，才有機會迎向更美好的未來。此外，信任自己，敢於面對困難也很重要。相信的成本是最低的，只需要相信相信的力量就可以了，如此一來便能從心而發出強大的能量。

又有人說，婚姻就像打電動，一定會持續碰到關卡，甚至遇到魔王。但是可貴之處也就在破關和打敗魔王所帶來的成就感，我認為，以行醫為職志的人，也是一樣的。

以大衛及歌利亞的故事啟發大家的陳家亮教授，自身的故事、研究生涯也像大衛。機會是給準備好的人（Chance favors the prepared），識得自己的弱項，努力充實自己，當機會來臨時便能一展抱負。陳家亮教授他勤懇的努力，並勇於顛覆傳統思維、看見自己身為弱者的力量，深具啟發，值得吾人深省及學習。

每個行醫之人的力量皆微薄，和當前的大環境、主流研究相較，是名副其實的弱者，但當你不畏主流，勇於改變規則、發現自己的優勢並竭力克服劣勢，決定為自己而戰時，就能夠以小搏大，逆轉勝。而大衛的精神，勇於挑戰、追求的精神，也是醫者珍貴，也最該擁有的特質之一。

我不敢說擁有前述這些特質的醫者就一定能成為典範，但每一位典範的醫者，肯定有這些特質。他們善體察，懂得痛，會流淚，而且擁有永不放棄的毅力，堅持自我的意念，和時刻創新、不畏成見，勇敢破浪前行的力量。這樣的人，在行醫之路上，我想大抵都是幸福的，因為他們的前進之路上充滿了樂趣。

馬克吐溫曾說：「人生中最重要的兩天，是你出生的那天，以及找到人生目的的那天。」快樂是一種心態，而幸福，則存在於對志業／職業探求的過程。

第五章

醫院與醫者

梅約傳奇

前一章談醫者的特質，再來談談醫療機構。

台灣有不少醫院高層都參訪過美國的梅約診所（Mayo clinic），也信誓旦旦要做台灣的梅約，但梅約到底有何魔法，可以成為全世界的醫療機構典範呢？讓我們先從梅約診所的過去探索起。

一八六三年，來自英國，軍醫出身的老梅約醫師（William Worrall Mayo）在明尼蘇達州的羅徹斯特（Rochester）純樸小鎮，成立了一家小診所，後來兩位兒子威廉·詹姆斯·梅約（William James Mayo）及查爾斯·赫拉斯·梅約（Charles Horace Mayo）也加入爸爸行醫救人行列。

一八八三年，龍捲風重創羅徹斯特，聖佛朗西斯修女院的修女阿弗烈德（Mother Alfred）懇求老梅約成立一家醫院，照顧需要住院的病人。於是，他們在多方協助下，於一八八九年合力成立了聖瑪麗醫院（St Mary's Hospital），梅約診所自此成為世界第一所整合多重學科的綜合醫院。發展至今，每年從美國和世界各地來聖瑪麗醫院求診的病人數超過兩百萬人，二〇二一年公布的年收入有美金一百五十多億，而且因為是非盈利機構，每年還能有三億多美金的善款捐贈。

梅約的院徽為三個盾牌，代表臨床、教育和研究，類似台大的服務、教學、研究（服教研）。醫院開宗名義即說「患者需求至上（The needs of the patient come first）」，在一面記載醫院歷史，刻上捐款一千萬以上的捐贈者名字的牆上，則寫著「梅約診所二十四小時無休：提供病患最好的全日照護——每一天（24 hours AT MAYO CLINIC: providing the best care to every patient-ALL DAY-EVERY DAY.）」，道出梅約的精神，和醫院透過臨床教育研究整合，以提供病人最好的健康照護。

已經連續多年全美醫院評鑑第一的梅約診所，有下列三點特色值得借鏡：

1. 醫師領導群與行政同仁間密切合作，彼此運用自身的專業來服務病人及促進醫學進步。
2. 聘用固定薪水的專任醫生，不用拚病人量，不用為業績而開很貴的藥給病人、做不需要的檢驗或療程。此跨專科的全人整合醫療成為梅約的DNA（優良傳統），不像美國其他論量計酬的醫療院所，並沒有供給誘發需求的嚴重問題。
3. 鼓勵創新及創業，醫院有創投、加速器，還有梅約創新中心，以SPARC——看見、計畫、行動、改進、溝通（see, plan, act, refine, communicate）為宗旨，用設計思考來創新服務，以專業思維開啟創新模式。

因為以上特色，梅約體系的醫院，能在病人安全、醫療服務過程、醫院結構和醫療結果上均領先全球，造就梅約傳奇。

醫療是服務業嗎？

看到梅約診所的「患者需求至上」標語，我想許多人會產生一個現今社會上常引起爭論的疑問：醫療是不是服務業？

醫學是一種心腦並用的藝術，需要一個清晰的腦袋和慈悲的心；醫院的終極目標不是獲利，而是改變更多的生命。所以說，醫療不僅是專業，更是志業（moral enterprise）。只是因為醫學科學的不確定性：同樣的症狀可能有不同的診斷，同樣的診斷可能有不同的治療，同樣的治療可能有不同的預後——在網路資訊發達的今天，讓愈來愈多不具專業素養的民眾在一知半解下當鍵盤醫生，加上輿論力量大，容易變成病患對醫療處置反客為主，甚至反過來下指導棋。

常有媒體報導用 Google 的五星級評分表，來評鑑醫院到底「好不好」，用服務業的角度來看醫院。但，一所好的醫院，真的能用這樣的標準來衡量嗎？

我常對同仁講，醫生的醫術是好是壞，病人或許不知道或不在乎，在缺乏專業背景之下也難以確知，但是人的態度及做事的流程，他們是看得出來的。因此，我們必須有服務業以客為尊的態度，但是堅持以病人為中心的專業，以避免VIP症候群，讓病患獲得太過超過甚至不必要的治療，或因病患提出太多要求，反而忽略其中真正須注意的細節。換句話說，醫生必須堅守專業。

堅守專業有多重要呢？以下再進一步以畢卡索的二個故事說明：

畢卡索成名後，有一次到餐廳用餐，隨手拿起餐巾紙作畫，畫完就要丟棄，隔壁有名女子認出他是知名畫家，就說：「你剛剛塗鴉的那張餐巾紙，可以給我嗎？我願意付錢。」畢卡索說：「好啊！兩萬美元。」那女子一聽，說：「你剛剛不就是畫了兩分鐘，居然要兩萬美元？」畢卡索看著她又說：「不！我不是畫兩分鐘，我畫了足足六十年。」

又有一次，有人對畢卡索說：「你的畫太貴，而且我們都看不懂。」他反問對方：「你聽過鳥叫嗎？」那人回答：「當然聽過。」他再問：「好聽嗎？」「非常好聽。」畢卡索問那人：「那你聽得懂嗎？」

在現今網路資訊流通快速的社會，很多價值容易被導向錯誤的方向，或有深深的誤解。一所醫院的專業度，光看病患投票，是看不出程度，也無法評量是好是壞的。

在還未過度強調醫療的服務業性質，部分醫療資源的使用者尚未膨脹成老大心態前，醫病之間還有較良善的信賴關係。那時候我的前輩們總是板起臉孔，刀子嘴的教訓病人，而病人大多能虛心受教，道歉兼道謝，因為知道他們都是豆腐心，嚴肅外表下包裹的是良善。而同樣的場景換到現在，如果一所醫院裡的醫生這樣做，約莫很快會獲得「服務差勁」、「沒有同情心」、「凶神惡煞」、「像黑道」的罵名，Google 評論還會被刷低到一．五顆星。

在疾病的困苦之中，醫生是最想幫助病患的人；醫生與患者是彼此的戰友，病痛是我們最大的共同敵人。當一所醫院的服務凌駕專業，醫病關係就會失衡，對彼此都有危害，因為當站在疾病的危險關頭、病患的生命瀕臨懸崖之時，病患信任不信任醫生並不是最迫切的問題，醫生信任病患與否、願不願意為你冒險，才是關鍵，也才是醫學奇蹟得以出現的原因。

民眾的好評、給醫生戴高帽並不是重點，因為病人的康復和對專業的肯定，才是醫者最高的榮耀。

為政之道

領導管理的重要性

一所具規模的醫院，不但體系龐大，人員眾多，各門專業更需要不斷溝通、不斷創新，更重要的是，需要有能夠統籌眾人、堅定信念往前的管理者們。

以台大醫院為例，我們從不缺人才，缺的是願意無怨無悔投入人才管理，犧牲自己，照亮別人的行政治理人才。人才定義機構，決定存活和發展，這也是為何我就任台大醫院院長後，積極成立中級主管訓練班的原因。

醫院是否能聚集、留下管理人才至關重要，前面提到的梅約診所之所以能舉世知名，使各國爭相效仿、視為理想的醫院，他們的管理階層就功不可沒。

醫院的管理有賴一代一代優秀人才的傳承、無私分享，更重要的是——耐操煩，要時刻掛念。

我曾在 COVID-19 疫情緩和後，一次台大醫院新舊任主管交接的場合，針對管理語重心長地發表過感想。

當時，我對即將卸任的主管們說，帶領科部走過了三年的疫情，勞苦功高，你們的身分從老大變成大老，然而從位置上退下，並不代表從此江湖事都能兩手一攤、退隱山中，因為後輩還需要他們貢獻累積的智慧和經驗。我希望他們的功績留在後人的心上，成為傳奇，繼續留存在醫界江湖。

至於新任的主管們，我則對他們說，不要覺得自己是運氣好，中了大樂透，你們在這位置上的理由不存在僥倖，都是在服務、教學、研究上有優異表現，才獲得遴選委員青睞、脫穎而出。這是難能可貴的榮耀，但是在享受這個職位所帶來的光榮的同時，你們肩膀需要承擔相當的責任。

在傳統的服務、教學、研究能力之外，我一直提倡第四種能力——領導管理的重要性。就像打高爾夫球，要打得好，不能按照自己的本能，必須掌握特定技巧才能有一定的水準，我們都不是天生的領導人，必須慎重看待並學習主管這職位的專業素養和技能。

尤其是以前的醫院和現在大不相同，只要嚴格管理，以升遷獎懲制度就幾乎能達到效果。現在醫院的主管需要面對更為複雜的環境，處理更加高難度的問題，環境更為開放，員工有更多不同的選擇機會，過去那套由上而下的強勢管理作風已經不管用。身為主管，必須取得部屬的信任與尊重，營造上下齊心、士氣高昂的團隊，不斷傳遞體系的價值觀和方向，鞏固信念，建立制度和文化，創造贏家思維，才算稱職。

此外，雖然競爭力十分重要，但是太強調個人成就和能力反而會剝奪人際關係、睡眠、快樂和健康。最好能夠把個人潛力變成集體能力，擴散成功和快樂的傳染力，這也是能否有足夠能力成為領導醫界的管理者的重要課題。

快速應變的能力

除了耐操煩的管理能力，我們還需要快速的反應能力，懂得隨著時代調適、改變。

美國甘乃迪總統有句名言：「唯一確定的就是不確定；唯一不變的就是改變。」在這不確定的年代，無論是個人或機構都面臨巨大的挑戰。雖說「莊敬自強、處變不驚」是不錯的咒語，但是要分清哪些不能改變、哪些則要與時俱進。

當像 COVID-19 這樣對社會、經濟、生活型態帶來前所未有衝擊的疾病出現，醫療體系是否兼具彈性和韌性便更受考驗，因為我們同時要處理新冠和非新冠病人，又要善盡社會責任，避免醫療不平等，負擔加重的同時又要防止醫護同仁的耗竭（burnout）。

我就任台大醫院院長後，一直念茲在茲的，是面臨隨時可能有的環境巨變，台大醫院能否有下一個百年。

我一直以為，台大醫院之所在、希望之所在，透過「以醫弘道，行俠仗醫」，串聯善意與善行，能夠穩定人心、造福大眾。要達成這樣的目標，一人之力遠遠不夠，數人團結也是寥寥氣力，需要建立足夠強大的制度性誘因、專業行政系統支援，並引入無數培育的人才，從而形成團隊，如此一來，才能有願景也有執行力，自然可以築夢踏實，避免白日夢或噩夢的發生。

#人才、制度和風氣：永續經營的基石

人才、制度和風氣是醫療機構永續經營的基石。我在當台大醫院的主管人事副院長時，有鑑於人才培育的重要，在李源德院長時即開始每年推薦四至五位高階主管到台大就讀ＥＭＢＡ，多年下來，成效卓著，有目共睹，但又思及中階主管並無進修管道，於是起心動念，希望在制度上有鼓勵員工學習和成長的機會，後來在接任院長後不畏疫情，推行前述寫到的核心管理職能實務研習專班專案，

希望同仁能在已有的專業深度外，透過設計過的課程和與不同領域者溝通的方式，更加提升視野的廣度和處事的高度，這兩項正是優秀領導管理人才所必須。我期望參加過這專班的同仁，回到單位後能成為種子，而只要一個單位中有七％的創新改革者，就能移風易俗，改變風氣。

雖然我常說「身在公門好修行」，但是我也怕公部門的多一事不如少一事。如果避免犯錯就可以「時」至名歸，而不能落實「實」至名歸，有再多人才也無發揮之處，畢竟生命只有走出來的精彩，沒有等待出來的輝煌。

一個成功的醫療體系，管理者能否識人、用人和留人，至關重要，遇事須有決斷的力量，對人務必用心。此外，管理是一門藝術，是理性和感性的結合，除了專業的深度、視野的廣度和處事的高度外，還要有第四度——溫度，才能達致完滿。至於溫度要如何培養呢？賴明詔院士的書裡，提到陳之藩曾送他八個字「理直氣和、義正詞婉」，十分適合借花獻佛，作為實踐溫度的指引與參考。

養成良醫，培育良醫

務必要有新人才

一所醫院的成功，除了制度和管理，更基礎的是前面幾次提到的，要有人才。人才的培育和養成，至關重要。

每年都有許多志在行醫的大學新鮮人進入台大校區，成為這個大家庭的一份子。

大學教育的本質在於培養視野、格局和批判性思維，尋找內心的激情，養成科學理性的思維模式和分析問題的框架體系，為往後生命的成長確定方向。自律和思辨是公民最重要的兩隻眼睛，醫學院的學子未來不僅要學習專業知識，更要知道如何生活、如何做事，成為國家社會真正的中堅分子。

透過學校培育出的良好人才，未來各個科部莫不使出渾身解數，希望能得天下英才而教之，更重要的是這些新血的到來，能為組織注入新的活力。

台大醫院自詡為世界級的醫療機構（服務）、傑出的醫療訓練中心（教學）及開創未來突破性診療的研究單位（研究）。要達成上述目標，人才是重中之重，也因為江山代有才人出，才能不斷創新，在對的時間、對於對的對象、採取對的做法，達到最優質的結果。而隨著社會變遷及科學的進步，特別是社會的VUCA化（volatile〔不穩定〕、uncertain〔不確定〕、complex〔複雜〕、ambiguous〔曖昧〕），我們對優秀人才特質的認知，也必須從過去的服從聽話、邏輯性強、勤奮不懈、富責任感，轉成自由奔放、直覺敏銳、我行我素、好奇心旺盛。這些新的特質讓新人類更會發現問題，也更重視生活及工作意義。

接受新人類的到來不免有世代的衝擊及價值的對立，但是他們是未來挑戰及挑擔的主角，應該以更開放的心態來帶領他們。「時代考驗青年、青年創造時代」，不也是像我一樣出生於戰後嬰兒潮世代的醫師們過去琅琅上口的名言？更何況，世界上的許多進步，都來自於思想尚未僵化的門外漢。創造「典範轉移」（paradigm shift）一詞的美國科學史家庫恩（Kuhn），在其名著科學革命的結構中指出，典範轉移往往是由「才入行不久或很年輕」的人發起的，可見新活水的重要性。

自生活中培養能力與韌性

約四十二年前，大學註冊日前的一個晚上，父親帶我入住南海路的教師會館，那是我在台北的第一夜。隔天，他把五千多塊的註冊費和第一個月的生活費交到我手上，對我說：「你是大人了，以後要『穿自己的鞋，走自己的路』，不准情緒化、不准偷偷想念、不准回頭看，去過自己的生活。」從此，讀醫學院的七年註冊費和生活費，我靠家教收入、獎學金和助學貸款支付，再也沒有跟家裡要過錢。雖然打工十分忙碌，我還是過得十分充實，大學生活奠定了我行醫路的基礎。

過去學生的背景和環境較為刻苦，現在的學子物質充裕且享有進步神速的科技，身為數位原生的元世代的他們是最幸運的一代，資訊科技提供便捷、快速的學習資源，結合生物科技的進步，有了這一對翅膀，讓專業學習真正如虎添翼；但他們也是最不幸的一代，出生於SARS流行的時候，又經歷過COVID-19大流行，疫情改變了生活方式、經濟型態，甚至醫療照護。教育現場受到巨大影響，「合作」、「溝通」、「創意」，這些二十一世紀人才所需的重要能力，完全無法從線上學習，而需要與前輩面對面，甚至手把手才能傳承。

再加上經歷過大疫，現在的醫療體系被要求在穩定的同時具有敏捷的彈性，以靈活面對詭譎多變的病毒，又要有長期抗戰的韌性，未來的醫者也是如此，因應愈來愈不確定的未來，更加需要有彈性和韌性來面對未來的行醫的人生。

醫學院校區流行一句話：「學醫之前先學做人。」知名音樂家傅聰赴美學習鋼琴時，其父親傅雷給他的叮嚀為：「先為人，次為藝術家，再為音樂家，終為鋼琴家。」能進醫學院的學生高中成績必定不錯，但進了醫療領域，今後的學習，技術上雖然要緊，但真正的重點不在成績，而在於「能力得大於知識，素養須優於分數」。

大學生活給人的教誨絕對比任何一本書籍都好，也就是說，除了知識外，見識和膽識只能從課外活動及日常生活培養。「德」與「格」對醫學這個利他行善的志業格外重要，因為掌握了各種先進知識的大專家，有滿身功夫可以幹兩件事，一是見義勇為；二是攔路搶劫，而人內心的文化會決定你最終做出什麼選擇。培育將來成功醫者的關鍵能力，都是那些考試不考的項目，因此未來醫者要怎樣在就學時從生活中學習，是相當重要的，以下是我對有志從醫青年人的幾點建議：

1. 養成好習慣

人生成功從來不是靠大道理，而是依賴微習慣！當父母不在身邊，我們務必好好吃飯、好好睡覺、好好運動，這些都要靠自己。在學習上，雖然有共同筆記，但念書還是必須靠自己。另一個也很重要的認知是，自由不是放縱，只有自律的人才配擁有最大的自由。

2. 養成好心態

學業、社團、愛情是必修三學分。天之驕子也難免有馬失前蹄的時候，遇到挫折時不要心灰意冷，這些都是往後人生的養分。正所謂：「承蒙歲月不棄、賜我一路荊棘；感恩時光厚愛，賞我顛沛流離。往後餘生，我終將百毒不侵，笑容肆意。」

3. 做些有意義但看似無用的事

讀醫學院的學生，高中時肯定很認真讀書，也很會考試。但是考試勝利組未必是人生勝利組。尤其是醫學的本質是社會科學，複雜世界最終是屬於那些有能力解決複雜問題的人！未來到醫院要面對的是病人，不單單是疾病而已，所以掌握大學的屬性，多方面跨領域學習，特別是一些看似不考無用的學問與知識，培養考試不考的能力，無用之中將來可能有大用。

以前讀大學時，大一、大二的通識教育是我在校總區最喜歡的課，特別是王保珍老師的國文及胡耀恆老師的英文，前者讓我領略詩詞之美，後者則介紹了莎士比亞的戲劇。現在愈來愈多的人只追求有用，醫學生的專業當然絕對有用，但是單純追求有用只會讓人成為有用的工具，成為一個機器人，而不是一個完整的人，有不少人就這樣被困在有用的籠子，這是一種時代現象，也是一種時代悲劇。

有用的東西讓我們活著，但無用的東西卻讓我們活得像一個人，而不是木偶。若能以無用之心做有用之事，但行好事，莫問前程，當然更好！

專業與人性並重

除了自生活中學習，充滿挑戰且充實的學習環境也很重要。海軍陸戰隊員在畢業前必須經過嚴格的「天堂路」考驗，我們醫學系沒有「天堂路」，但訓練時含辛茹苦的程度絕對足以和海軍陸戰隊員相比擬，一點都不遜色。

每年學校要舉行進入臨床實習前的重要活動——授袍典禮時，我都和學生一樣既興奮又緊張、感觸甚深，因為這是習醫旅程上一個重要的里程碑。穿上白袍，象徵著學生們已經取得進入台大醫院（私底下我們常說是「寶山醫院」）的入場券，也意謂他們進入另一新的階段：除了書本、課堂的學習外，要真正落實以病人為中心的學習。換句話說，病人也是老師。

這張進入下一階段的門票得來不易，必須經過三年嚴格的人文和基礎醫學淬鍊，並且初窺醫學堂奧的人才能擁有。

第一次穿上白袍到醫院看病人時內心的悸動，令人永生難忘。醫師的白袍除了讓人想到純潔無瑕，更不僅僅是醫院的工作服，它更具有三層額外的意義，我認為很適合用來說明醫學生在接受嚴酷訓練同時，需要並重的人性修養：

白袍的第一層意義是信賴。民眾對白袍加身後醫生的信賴感深植人心，是過去眾多醫療從業人員兢兢業業，日夜點滴積累塑造出來的優質形象打造出來的。把自己的祕密和身體的隱私讓一位陌生人詢問和檢查，需要多大的勇氣，以醫療為志業者，一定要珍惜、維護這份病患對我們的信賴，時時自重。

第二層意義是專業。就像其他專業人員，比如警察、廚師、理髮師，一旦我們工作服上身，就要打起精神，以最好的專業態度幫助、服務素昧平生的人。初出茅廬的醫者或許專業知識和技術仍然不足，但不要害怕，不要小看自己，也不要習慣成為你們學長姐口中的「路障」，必須趕快融入各科的醫療團隊，積極學習如何透過專業來照顧病人，讓他們脫苦離痛、遠離病魔折磨。在幫助人的過程中，你將體會人生的美好一面，獲得成就感，並得到充實自己專業的機會。

最後一層意義，是善良。醫療屬於社會科學，科學方面的進步日新月益、有目共睹，但是光靠專業還不夠，因為我們照顧的是人，不是機器。能進入醫學系就讀的學生，肯定相當聰明。這種聰明來自父母親給予的天賦，值得感謝；但是光有天賦還不夠，還必須善良，而善良是一種後天的選擇。專業主義至上有時會犧牲人性，讓我們忽略善良的重要性，甚至成為行醫的障礙，專業帶來的優越感也是，時常使我們無法得到病患完全的理解與尊重。我們必須以敬業的善良態度，用愛和關懷來彌補專業的不足之處，才能成為病人心目中聞苦救難的天使和菩薩。

選擇走內啡肽之路

披上白袍的學生們結束辛苦的實習醫師訓練，在努力工作兼學習下終於拿到畢業門票之後，就成了初出茅廬的社會新鮮人，接下來絕大部分的人要進入的「醫師」這行，是一個有尊嚴、受人敬重的行業，然而這行業需承擔的壓力和疲勞，也是常人難以想像的。

就算在工作中已經像顆團團轉的陀螺，不少醫生還是會進一步規劃未來增進自我能力的道路。其實，醫生的工作已經夠累，但我們都知道，選擇再去念研究所，研究病人未解決的問題，是醫學不斷進步的重要推動力。已故的前台大醫院院長陳定信就認為，在服務、教學、研究三項之中，研究是重中之重，因為惟有透過研究，教學才不會照本宣科，醫療服務才能更進一步。

現代的研究方法比起過去有天地般的差別，當科技與醫療相遇，不可思議的事情會發生。以我所在的領域而言，消化性潰瘍經歷了漫長的研究後，從身心症、胃酸相關的疾病變成了感染性疾病，使得治療有了巨大的進步。當然，研究這一條路不會一帆風順、坦途處處，中間的孤獨酸楚也如人飲水。

能夠當醫生的人，我認為天賦上基本差距不大，但根據下苦功的程度和是否有更進一步追求的熱情，使得最終的成就相去甚遠。除了境遇、運氣的因素，最根本的分歧在於，有些人走在了追求多巴胺（dopamine）的路上，而有些人卻選擇了內啡肽（endorphin）。

若想要即時付出、現時享受的生活，很容易就沉迷於「多巴胺陷阱」。有人說，現在要讓一個人變成廢物的方法，就是給他一支手機、互聯網加上外賣電話，讓他沉迷於打遊戲、刷短視頻，如此一來，多巴胺不斷分泌，此人便會心情極度興奮但結束後徒留極度空虛。相較之下，有信念的醫者往往選擇早起跑步鍛鍊體力，啃專業書，念最新研究報告，甚至動手做實驗、寫論文，雖也時常把自己搞得疲累不堪，但他們累完後獲得的滿滿幸福是因內啡肽而來，正面而充實。我們雖然偶爾可以放縱多巴胺，但是若想擁有高遠眼界，具備遠大格局，就要站在長遠的位置上布局自己的人生，追求長久具備可持續發展的人生道路。前期看似辛苦又辛酸，但是在痛苦中卻能磨礪自己，一步步強大起來，成就值得令人信賴的自己。

根據一份調查，人們對醫師的信任度高達八十八％，是全台灣其他行業望塵莫及的，這樣的成果當然不是憑空而來，是多年來無數前輩兢兢業業、發揮視病猶親的敬業專業精神換來的。每一個習醫之人，都有責任傳承這樣的優良傳統。

我相信每個進醫學系的青年，都懷抱著成為良醫的初心，而這也是我們最重要的教育目標，台大醫學院除了專業素養，更強調醫學人文教育，這也是一項需要苦心培養的素質。

要成為具有人文素養的醫師，第一個首先要有的是自省的能力。現在是民主時代，很多人重視的是如何充分表達自己的權利，但是除了要求權利外，相對的義務是自律。能夠當醫師，有人說是一種特權（privilege），但我寧願說是一種福分，我們必須珍惜這樣的福分，並時時提醒自己莫忘初衷，以病人為中心，並且要求自己提供最新（update）的專業服務。

第二個要有的能力是溝通。醫師的專業令人尊重，也是醫療團隊的領導者及負責任者，但是我們必須體認醫療父權主義已是過去式，因此如何做好團隊內的以及病人家屬間的橫向溝通格外重要，不僅關係我們能否順利執行醫療業務，進一步也能透過溝通而促進醫病關係，減少糾紛。

第三個要有的能力是包容。雖然我們已做好提升自己，也努力的溝通，偶爾團隊或病人與家屬還是會有不同的意見與想法，身為團隊的領導者與執行者，我們必須有包容的雅量，因為「在醫療現場什麼都有可能發生（Anything can happen in medicine）」，即使我們手握資源能強勢主導，也要學習我所喜歡的作家村上春樹說的：「永遠站在雞蛋的那一方！」懂得尊重並包容弱勢。

大家常埋怨現在的醫療環境大不如前，其實師長們也都知道那段美好時光已過去（Those good old days have gone）。現在年輕醫者關心的工作待遇、時間及權利，前輩、師長們也深刻了解，並努力爭取，於此同時，我們該避免落入無盡的埋怨和自暴自棄，「與其詛咒四周的黑暗，不如點亮一盞燭光照亮黑暗」。

習醫或許真的無法讓人致富，但是絕對可以豐富生活（cannot become rich but definitely enrich your life），只要「能夠自省，願意溝通，可以包容」，我相信大家一定能成為病患心目中的好醫師。套一句股神巴菲特的名言：「只有時間才能創造價值。」堅定信心往這條路大步邁進，就會發現成功之路並不擁擠，畢竟堅持的人往往是少數。切記：「不是看到成功才去堅持，而是堅持下去才會成功」。「持初心，立常志」，而非「擁變心，常立志」，才是通往光明將來的不二法門。

台大醫學院校區及台大醫院有最好的環境和實習場域、最棒的老師以及最優秀的同儕，許多學生在此認真學習、堅持自律，狗一樣地學，紳士一樣地玩，楓城歲月及寶山醫院成為他們人生最值得回憶的日子。就像哈佛圖書館牆上的標語所寫的：「此刻打盹，你將做夢；而此刻學習，你將圓夢。」走上內啡肽之路，成功不是僥倖，失敗絕非偶然。當同時期投入醫界的大家都一樣青春年少，隨意而為，當中有人成功、有人失敗，並非只是運氣差別。

曾偶然聽到劉若英和金城武剛出道的故事。兩位目前都已是功成名就的國際巨星，不過出道時都在陳昇旗下工作，當時因為最資淺，被分配輪流掃公司的廁所！委屈嗎？當然是。但是新人能展現的只有行動和態度，所有的人都在熬，都在為更好的生活堅持，必須自己主動學，比其他人更努力，才有機會出人頭地。

世上所有的厲害，都是用努力換來的。想要人前顯貴，必要人後受罪。柴靜在《看見》一書裡說得好：「每個輕鬆笑容的背後，都是一個曾經咬緊牙關的靈魂。」即便是劉若英和金城武，也都掃過廁所，成功的醫者，必定是兢兢業業、夙夜匪懈，不存在想一步登天的僥倖。

核心價值、目標與實踐方法

榮幸接任全台首善的台大醫院院長時，我很清楚這是一項難得的殊榮，特別是比起不少從「天還未亮」做到「太陽下山」的優秀同仁，我只是眾多腳踏實地從基層做起的一員，堅守著我認為的醫療核心價值。

以下當時在就任演講上說的三個小故事，是我認為的醫療核心價值：

第一個故事是二次世界大戰時，美國發現他們飛行員逃生的降落傘不時有瑕疵，有不少人因此無辜喪命。在一次會議中有人建議改變驗收的方式為「請每次得標的廠商負責人試用自己製造的降落傘」從此以後就再也沒人因降落傘打不開而命喪黃泉。

服務業有句名言：「穿顧客的鞋子（站在顧客的立場想）。」就像前面討論到的，醫療當然不是單純的服務業，它關係病人健康與生命的權益，我們常掛在嘴上的「生命無價，視病猶親」並非口號或標語，而應是所有從事醫療人員的核心價值！就算世道再黑暗，只要我們深切體會這點，我相信付出的心血終不白費。作為台灣醫界領頭羊的台大，更應以此核心價值為先，將服務「急、重、難、罕」的患者視為己任，用心付出。

第二個故事是英國在他們的人民到澳洲移民時，發現不少人在遠渡重洋過程中死於船上。為了減少死亡率，他們嘗試很多方法，但效果都不顯著。後來有人將運費計算的方式，從「自英國出發時收費」改為「到澳洲下船時收費」，自此以後乘客的存活率大為提高。這故事告訴我們，目標的訂定非常要緊！與人們生死相關的醫療更是如此，若目標錯誤，跑愈快反而愈背道而馳。

我們都知道，台大醫院的目標是成為世界一流的大學醫院，不僅要提供優質的標準醫療服務，還要能創造新知、培育人才。醫學院及大學是我們創新研究和培育人才最好的依靠及夥伴，我們必須加強和學校的合作。此外，也要和產業及學研單位（中研院、工研院、國衛院等）有更緊密的合作。在過去即已定下宏願的智慧醫療，再加上精準健康和尖端醫療（包括細胞治療，新診斷和新治療的臨床試驗），便是台大訂定的未來三大目標。不只如此，公共衛生學院也是台大醫院的好鄰居，和他們共同為台灣醫療制度和預防醫學建言，也是台大醫院身為國家醫院該有的社會責任。我希望醫院裡的老師不光只是學院裡的教授，也要是台灣的教授，更是世界的教授！

第三個故事是美蘇冷戰，兩國爭霸太空時，有一年美國甘乃迪總統到太空總署（NASA）參訪時，上完洗手間剛好碰到一位黑人清潔工，他於是趨前握手感謝她把廁所打掃得如此乾淨，想不到清潔工卻回答說：「不，總統先生，我不是來NASA掃廁所，我是來幫大家登陸月球的。」這個故事說明了為何美國會比蘇聯早一步登陸月球——若要成事，若要達成任務，我們必須要有同心的團隊及共同的願景，它反映出一個群體共同認同的價值觀和話語體系，體現的是集體智慧，也就是「勝則舉杯相慶，敗則拚死相救」。要實踐目標，必須有強大的團隊。

台大醫院從常德街一號到中山南路七號，發展至目前有雲林、新竹、金山、北護、癌醫等分院，體系禁得起考驗，也繼續成長茁壯，是民眾心目中最好的醫院及國民最佳健康守護者。而各位也要知道，這樣龐大的巨人，是無法單靠寥寥數人之力完成任務的，需要所有同仁一起努力、凝聚所有成員的向心力，做好連結內外，爭取更多資源，提供機會讓每一位球員都能充分發揮。大家一起莫忘初衷、同心前行，才能繼續維持、維護一所醫院的偉大，支撐著彼此往目標前進。

卓越來自堅持不懈的溫度與關懷

有一年，台大醫院舉辦一級主管成長營，難得請來鼎泰豐董事長楊紀華先生，以〈有溫度的完美──從心出發〉做專題演講。紀華兄分享他父親在一九五八年創立鼎泰豐油行，於一九七二年快倒閉時轉型為點心店，一九九六年交棒給他後，他致力於餐點及服務細節，並擴大員工福利及照顧。「以人為本」成為鼎泰豐的理念與文化，他們的業績也一飛沖天，從一家信義本店，到如今台灣十二家門市，全球一百六十家門市的故事。紀華兄從品牌形象、善待同仁、款待顧客三面向，唱作俱佳，全程毫無冷場，同仁收穫良多！

醫療與服務業面對的都是人，前者以醫療，後者用美食療癒人心；我們的前輩花了一百二十多年建立台大醫院品牌形象，紀華兄則用將近五十年光陰，以「品質是生命、品牌是責任」創造口碑，成為不折不扣的台灣之光。

描述UCLA（落杉磯加州大學）醫療體系打造頂級服務的五心級處方的《卓越來自關懷》一書，也提到以關懷為念（關懷顧客的心）、消除失誤空間（力求完美的心）、讓「最好」還能更好（追求卓越的心）、開創未來可能（不斷創新的心）、讓「服務」為我們服務（終身服務的心）。

好的醫者總是在追求目標的路上，永不放棄，也總是在思考怎麼對「人」。

每年台大醫學院的畢業典禮，我都要發表恭賀與祝福的演講。我總是祝賀台下的畢業生，用了洪荒之力進入全國最難入學的系，經過七年寒暑今日學業有成，所有的歡呼和掌聲都應當屬於他們。雖然七年間念過的書不少，即將完成一階段成就的當下，相信有人已經偷偷準備把教科書丟到一邊了，可是學習只有逗點沒有句點，在資訊爆炸的時代裡，學習方式多元，進入社會大學後，他們可以不喜歡讀書，但千萬不要放棄學習，因為學歷代表你的過去，學習能力才代表將來。

醫療本應該是台灣之光，但曾幾何時，常看到學生們 Line 來 Line 去的內容是「過勞之島」及「血汗醫護」。在訊息多如牛毛、人工智慧及機器人的工業四．〇時代，年輕人很容易陷入「互聯網孤獨症候群」，總覺得自己生不逢時，機會不再。其實每個時代都有要面臨的挑戰，也有值得敬佩的英雄，例如比爾．蓋茲、賈伯斯，他們毫無疑問是當代資訊科技領域的大英雄，可是前一位成立基金會，誓言幫助人類解決醫療健康問題；後一位則在死前殷殷期盼子女能行醫濟世。

我總是以過來人的身分及經驗告訴學生們，雖然未來仍然一片渾沌，但，未來才是最好的時光。

想想看，我們在未來的日子裡每天都可以做比爾．蓋茲和賈伯斯做不到的事，可以因此獲得報酬，可以讓世界更美好，這是多麼令人欣羨的工作啊！其實，醫療的本質是利他，只要做好我們擅長的事，眾人得利，自己必然托福，這既非唱高調，也不是道德，而是智慧，正所謂「利己的最高境界為利他」。

畢業三十多年的我愈來愈明瞭一個硬道理，那就是成功沒有規則，只有原則；而失敗常有教訓，只是必須從挫折中再起。

我所尊重的政治家邱吉爾曾說：「成功根本沒有祕訣，如果有的話就只有二個，一是堅持到底永不放棄，二是當你想放棄時，就回頭來照著第一個祕訣去做。」成功沒有捷徑，而對長遠目標所展現的熱情和毅力，才是成功的關鍵。能成功的人往往並非贏在起點，而是贏在能從失敗找到轉折點。特別是在人工智慧的時代，連圍棋的棋王都被 AlphaGo 毫無懸念完敗三場；在醫療診斷上皮膚科醫師診斷皮膚癌、眼科醫師診斷黃斑部和視網膜病變都輸給ＡＩ，我們拿什麼和機器競爭？但是機器沒有情緒，情感才是人類最後一道防線。

出了醫學院、進入醫院，主治醫師、住院醫生甚至有經驗的護理人員都是我們的老師，而最重要的學習對象，則是我們的病人。

我期待未來的醫者能有溫度，能感受他人痛苦，做一個可以付出關愛的醫生。要能夠在病人的需要裡看到自己的責任，用關懷爭取信賴，才能以專業贏得尊重，也只有這樣，我們的核心價值才不會被機器取代。

行醫之路難，難在多變的環境與嚴酷的勞動，更難的是醫師工作擔負的是人的終極利益，所以這個行業對從業人員的要求之高，簡直是無與倫比，自虐，不，自律的程度遠遠高於一般行業。

我所尊敬的內科學大師威廉・奧斯勒（William Osler）曾說：「Medicine is science of uncertainty and art of probability.」意思是：「醫學是不確定的科學及可能的藝術！」既然是藝術，就不能單靠學習，只能透過修行。希望每一位穿上白袍的醫者，除了驕傲和象徵可窺視病人身體奧祕的特權外，還要把「責任感」和「同理心」附身。

進入白色巨塔的每一個人都很優秀，都是勝過許多同儕才得以走上這條行醫路，但是醫者的成功不在於贏過多少人，而是幫過多少人。醫者困難的挑戰在於，以溫度與關懷面對病人，還要能充分發揮自己的潛力，又兼顧自己身負的責任、忠於自己的內心。

我總許願，希望醫學系的學生們在認清現實環境及生活的真相以後，依然熱愛他們選擇的生活、保有初心。

若能在行醫之路上耕耘三十年，再回顧踏出醫學院的時候，能很高興且驕傲地告訴自己十分成功，而這成功不是來自於賺了多少財富、寫了多少論文、生活品質多好，而是「我接觸並幫助過多少生命」，那就再好不過了。

第三部

台大醫院・一路走來

“台大醫院一路走來，能到今天的位置，仰賴的是各界熱情的支持和無私的付出。思及有這麼多人曾見證台大醫院諸多歷史性的一刻，也共同祈福，回顧路上點滴，心情除了激動、興奮外，更多的是感恩。

感謝這人間的善，感恩願意施予善意的每一個人。”

第六章

創新・倫理

台大醫院的歷史，從一八九五年算起，已經超過一百三十年了（二〇二五年），如此漫長的歲月中，人事物皆變化甚巨，但不變的是我們作為世界一流大學附設醫院的核心價值：USR（University Social Responsibility，大學社會責任）和SDGs（Sustainable Development Goals，健康永續發展）。

在服務、教學、研究之外，蒙長官厚愛，我能夠加入行政管理行列，透過更多的制度面改善，集眾人之力，帶領台大醫院的團隊成就更多美事。

現在的台大醫院早已跨出常德街，甚至越過濁水溪，目前除總院外，還有北護、癌醫中心、金山、新竹及雲林等分院。台大總院必須協助這些分院堅持誠信價值及正派經營理念，守護更多的國人健康。雖然目前台灣有傲人的全民健保，但在高齡化少子化的雙重危機下，加上昂貴新穎醫療科技的問世，財務危機及醫療生態改變已然浮現，面對此嚴重挑戰，醫療體系需要有更積極的做法。

世界一流的大企業，都有三個重要目標：企業願景、企業文化和經營策略。其中企業文化是重中之重，因為它代表了企業的價值觀。若企業文化是健全或正確的，即使企業當前處於困境，也有望在未來好轉。換句話說，永續經營需要建立正確的價值觀，也就是企業文化。

關於台大醫院的企業文化，我認為有三：第一、誠信；第二、創新；第三、以病人為中心。其中我個人認為最為關鍵的是誠信，因為它直接影響病人對我們的信任。即便我們培育出醫療技術優秀、知識淵博的醫師，但若缺乏正直和誠信，也容易因為個人不當行為或幾起錯誤事件而影響醫院整體。

因此，倫理對於培養企業正確的價值觀至為重要。儘管大家常說我們已經有道德，但是倫理和道德仍有些許不同，倫理更多地是從哲學的角度出發，並可客觀的制定規範和守則，達到近似預防醫學的概念。防患未然才是解決問題最好的方式，故說：「禮禁未然之前，法施已然之後。」（《史記・太史公自序》）

台大醫院的倫理中心便是因此而設立，獨立處理研究倫理、臨床倫理，以及研究誠信。特別是我們的另一個企業文化是創新，這是我們朝向世界一流大學醫院邁進時對於自身的要求。要創新，就必須進行前瞻性的研究，此時就需要倫理的協助。

為什麼倫理如此關鍵呢？因為倫理可提供規劃良好的框架，保障病人的權益並保護我們的同仁，非但不會阻礙進步，還能成為助攻的力量！從事醫療研究，很多人都說要先考慮法律層面，但其實應先從解決倫理上的困境、道德或者是利益上的衝突著手，因為倫理層面可謂更高的標準，只要倫理妥貼，法律層面自然就會順理成章。

創新與倫理的相輔相成、缺一不可，有如人與人的結合。柏拉圖說：「人本來是完整的，但上帝將人一分為二，從此每人終其一生都在找另一半。」一所醫院能夠有決心兼顧兩者，使之成為彼此最重要的風水，所做的決定和承諾，將深深影響許多人的未來。

第七章

跨界・連結

每年，醫院的年報都會詳細記錄各科部過去一年「胡椒鹽」（服務、教學、研究）的成績。

以我所屬的台大醫院內科來說，服務是我們的本分，教學是我們的天職，而研究，則是台大內科能否持續保持「國內龍頭」、「世界一流」的命脈。

台大醫院在日治時代有三個內科——分別是：第一內科的風土病，第二內科的呼吸系病，以及第三內科的消化系病。

當時成立台北帝國大學醫學部附屬醫院後，日方決定採德國講座制，內科部於一九三七年三月先成立第一內科，教授為小田俊郎，助教授為石井潔，負責熱帶醫學、傳染病、過敏症、心臟血管和腎臟病；第二內科於一九三八年一月設立，教授為桂重鴻，助教授為楠信男，主治胸腔疾病及肺結核；第三內科最晚，於一九三九年一月設立，教授為澤田藤一郎，助教授為佐藤八郎，主要治療消化器官及新陳代謝疾病。

澤田教授為九州帝國大學醫學部畢業生，畢業後先進入法醫學科，以生化學方法研究體內解毒機轉獲博士學位，這也奠定後來第三內科在生化及肝功能研究的基礎。之後他於小野寺主持的九州帝大之第三內科，鑽研胃曲線及臀部壓點在消化疾病之診斷應用。在來台灣之前，他留學過不少國家，待過法、德、加、美，並從法國吸收構想，以 bismuth nitrate 治療消化性潰瘍（bismuth 可去除幽門桿菌，可惜澤田教授沒有繼續鑽研此主題，這可說是錯失第三內科的第一次獲得諾貝爾獎機會），並強調詳細觀察病人的重要性。

台大醫院內科的第三講座於一九三九年五月正式開辦，除教授助教授外，尚有大田實美、出田龍彥及蔡桂林三名助手，以及副手十三名，鄭培禮及余錦泉二位便在其中，余教授後來曾擔任台大醫學院解剖學科主任。

一九四〇年，又有六位新血加入，其中許強是當中的佼佼者，他曾獨立完成腳氣及其他各種內科疾病的糖類尿中焦性葡萄糖及維他命B減少症之化學診斷法（尿腳氣反應），深受澤田教授期許，認為他是第一個有可能得到諾貝爾醫學獎的亞洲人。可惜，他於一九五〇年十一月二十八日因白色恐怖被槍決，留下四篇未完成的論文（我們又錯失一次得諾貝爾獎的機會！）。我個人以為，他是台灣的切格瓦拉，英年早逝，精神永存，影響深遠。

一九四一年十二月，宋瑞樓等人加入台大第三內科。宋教授後來成為台灣肝臟疾病及內科的教父，其成就昭然，在此不贅述。

第三內科繼澤田教授擔任講座的是柳金太郎教授，他畢業於東京帝國大學醫學部，成績特優，曾獲得日本天皇賞賜銀錶，畢業後，他入島園內科（第一內科）研究腳氣病。來台後，他先在台北帝國大學醫學部附屬熱帶研究所任教授以及營養研究室主任。澤田教授雖與柳教授來自不同學校，但他絲毫沒有學派壁壘，舉賢舉能，費了很大的氣力說服其他講座教授，讓柳教授能夠順利領導第三內科。

一九四五年，日本戰敗，第一內科由翁廷藩、第二內科由林茂、第三內科由許強擔任主任。

一九五〇年六月，三個內科合併成內科部，林茂擔任一個月主任後，由王文杰代理兩個月，之後蔡錫琴於一九五〇年九月起擔任主任，一直到一九七一年八月才由宋瑞樓接任，之後，宋教授建立主任任期制度，沿用至今日的台大內科。

到二〇二四年五月，台大醫院內科就成立八十週年了。在這漫長的時光裡，隨著服務、教學及研究的專業分工，台大內科逐漸發展成今日的十個次專科：心臟血管科、胸腔科、胃腸肝膽科、代謝內分泌科、感染科、免疫風濕過敏科、腎臟科、血液腫瘤科、一般內科、整合醫學科。

在現在多個專科、看似欣欣向榮的表面下，其實不乏隱憂，特別是年輕主治醫師太早次專科化，導致視野狹小、思想僵化，而視野能否宏闊，關乎醫者的高度，與醫療機構的未來發展也密切相關。

之前聽聞一個熱門的話題，是日本自一九四九年第一次有人獲頒諾貝爾獎以來，到二〇二四年累積已有三十位得主了，其中更有連續幾年，在醫學及生理獎的表現令人刮目相看。

在「皆為利往」的時代，日本研究者卻總帶著一種特殊氣質。二〇一八年，諾貝爾生理學或醫學獎得主是開拓免疫治療的本庶佑，他說：「看到患者獲救，比獲得諾貝爾獎更開心。」這種精神和我們內科以病人為中心有異曲同工之妙。

更讓我感動的是二〇〇二年諾貝爾化學獎得主田中耕一的故事。他原本是普通大學電氣工程專業畢業的本科生，是在一家小公司服務二十多年的無名小卒，中年才從電氣轉到化學領域研究生物大分子的質譜分析，沒想到一舉突破多年的瓶頸，石破天驚，得到諾貝爾化學獎。他能夠有如此重大突破的關鍵在於能夠撇開專業的「常識」，在自己開拓的道路上默默耕耘。可見低學歷和跨專業，從來不是日本研究者自暴自棄的藉口。

科學及社會的進展超乎我們的想像，尤其是移動互聯網帶來的「跨界」與「顛覆」將持續給所有的行業帶來大洗牌。忽然之間，我們發現出門不用帶現金了，搭車不用招計程車了，買衣服不用去商場，看電影不用去電影院，說不定哪天我們連看病也不用去醫院了！在大數據、ＡＩ及互聯網當道的時代，我們的競爭對手不是電腦，但應該提早承認事實，那就是我們有一個永遠打不倒的競爭對手——趨勢。因此，如何能夠破除領域的限制，連結不同的知識與技術，是台大醫院，也是醫療領域的每一個人時刻思考的問題。

追求新智慧

醫院是個時時追逐最新科技、技術，必須緊跟流行，甚至走在流行之前的機構。每個醫療領域的從業人員，自然而然都關心著最新、最尖端的發展，時刻追求新智慧。

某次台大醫院週年慶時，我們就特別舉辦智慧醫療現況與展望的研討會，就各個面向，邀請相關領域的專家，做深入的探討，一時之間，群賢畢至，各言爾志，好不熱鬧，十分精彩。

這場研討會，就大家念茲在茲的智慧醫院，無論是面向醫務人員的智慧醫療、面向患者的智慧服務，或面向醫院管理的智慧管理，均做了深入的報告。

由於人工智能（ＡＩ）具有兩種非人類的超能力，包括可連結、可更新。對於ＡＩ能否取代醫事人員，初步的結論是不懂ＡＩ將被懂ＡＩ者取代，但是我個人的意見，是能提供有溫度的服務者永遠勝過冷冰冰的機械。

ＡＩ時代來臨，衝擊醫療樣貌，也有人擔心醫師角色弱化，工作不保，我認為不會如此，因為醫療有三大特色：第一、這是一個容錯率很低的職業，假如連電動車都不敢全自動駕駛，ＡＩ更是只能居協助角色；第二、醫療決策考量必須個人化量身打造，經過大數據機器學習的答案僅供參考；第三、醫療是有溫度的，並不是各種參數、規則和技術。隨著ＡＩ技術日漸純熟，醫師的角色反而更形重要，而安上ＡＩ和智慧醫療這對翅膀的我們，可以飛得更高、更遠。

但在有自信不會被取代的同時，我們也積極思考著，該如何讓ＡＩ真正能為醫療所用。例如：大數據資料和ＡＩ發展息息相關，可想而知，將來可能是資產誠可貴，但資料價更高的時代，擁有大數據的人就擁有未來。然而，大數據加大健康及醫療的未來，到底是近在眼前還是遠在天邊呢？當中仍有一些醫療倫理及法律的難題尚待解決，尤其是醫療數據，首先必須解決如何商用的問題。要商用，就會碰到四難：設立標準難、確權（Authentic Right）難、保護難，還有價格難，每一個都是糾纏且無法短期內有良善解方的問題。

不過，就像當年SARS促進了互聯網及電商的急速發展，今天看來艱巨、難以跨越的諸多問題，有可能在急速變化的時代中，迎來加速社會發展軌跡，甚至衝擊制度的改變，而新的挑戰將帶來新的機會。眾所周知，新冠疫情的出現及發展即是如此，它讓我們看到引領未來醫療的兩大看板可能是大科技與大健康，前者直接和新經濟的財富空間鏈接，而後者則關係人類自身免疫力的提升。

白色巨塔中磨練技術的醫者，不光想著如何醫治病人，我們也對未來有敏銳的關注力，並且在追求各式新智慧的同時，不忘我們始終應以人為思考的中心，人與人的連接才是互聯網的真正時代精神。唯有這樣心懷「人」為本，同時跨越人為的藩籬，樂於跨界協作一起創新，才能達到最大的善，因為醫療是經營善行的志業，醫院不是賺錢的企業。

台大醫院一直以來秉持前述正直誠信的經營理念，擁抱以病人為中心的全人醫療，「有所為，有所不為」，提供民眾最適切、優質的醫療，走出常德街，善盡大學醫院的社會責任，以成為台灣民眾最信賴的醫療院所為目標，不斷前行、永不懈怠。這樣的精神也反映在我們追求新智慧的智慧醫療上有目共睹的前瞻成果，早在二〇一九年底就自行籌建了新竹生醫園區分院加入營運。

位於新竹縣竹北市的生醫二期工程動土典禮時，我高興於這不僅是台大醫院和台灣大學的喜事，也是大新竹地區民眾及政府的樂事，因為它象徵竹北生醫分院正式開始爬「醫療服務」和「生醫研究」兩座大山。在這裡，我們和台灣大學，也和醫學院合作，訓練未來能看好病的良醫，並且研究病人未解決的問題，帶領台灣醫界看見世界，不斷創新突破，讓世界看見台灣。

多年前，政府讓台大在竹北發展，絕對是最好的選擇，而我們也在竹北生醫院區做出了該有的高度與格局。當然，前路艱巨，可預期的是將有大小挑戰不斷地來，但我相信假以時日，一步一步地不斷努力，定會有璀璨的成果。以台大內科為例，「AI」以及我們相當熟悉的「腸內菌」，這兩個不同的夥伴該如何合作，縱使開始肯定會碰到不少障礙，但「不積跬步，無以致千里；不積小流，無以成江海」（《荀子・勸學篇》），只要結合內科部的同仁，連結更多人的力量同心努力，相信一定能達到「多種聲音，一個內科」的共同目標，竹北生醫院區的未來也是如此。

竹北院所的設立不只是讓我們在追求新智慧上有更堅實的立基點，過程中工程的招標及進程受到疫情影響延宕，更讓我們學了寶貴的一課，讓我們知道，光有優質的醫療尚不足保障健康安全，試劑、疫苗和藥物如此關鍵，不能仰人鼻息，我們需要建立自己的產業，創造第二座護國神山，才能健康台灣、安居台灣、樂業台灣、永續台灣。

台大有最願意承擔大任，背負社會國家需求十字架，負重前行的人才。身為台大隊「總教練」的我充滿信心，承諾一定會派我們的「大聯盟一軍」，提供一流的服務，承接別家醫院不想做、不會做、不敢做，但是非得要做的醫療。

新技術、新智慧是未來必備的資產，當醫師與工程師強強聯手，知識與知識的連結之下，必會有善的結果，而善，是永遠也不會虧本的投資。

越過濁水溪

除了勇於追求新智慧、挑戰跨領域合作，台大醫院一直以來也戮力於跨越物理的界線，至今在全台有多個據點。如前面章節提到的，台大醫院自常德街一號始，到中山南路七號，目前已有雲林、新竹、金山、北護等分院，而我們的腳步始終不曾停下、放慢。我們的目標不只是提供最好的醫療，還要將醫療的力量送達到各個需要它的地方。

醫院是善與善連結，發揮人類最崇高情感——愛的所在。多年前，在已故老縣長蘇文雄及眾多雲林鄉親的殷切期盼，和時任的台大陳維昭校長及台大醫院李源德院長的社會責任要求下，台大醫院不僅走出常德街，更跨越了濁水溪，落腳雲林。到了二〇二四年，已經二十歲的雲林分院不止存活，更成長茁壯，成為台大醫療體系最耀眼的明珠。

雲林是台灣的農業大縣，出產不少優質的農產品，舉其犖犖大者，如西螺米、北港麻油、元長和虎尾的黑金剛花生、莿桐蒜頭、斗六文旦、古坑咖啡等，都是「上港有名聲，下港有出名」。古意農民培養的後代，也是各行各業的精英，以台大醫院而言，有不少來自雲林的鄉親，如李伯皇和李龍騰兩位教授，都是道道地地的雲林人。

國以民為本，民以食為天，衣食足而後知榮辱。因此世界各國莫不以農立國，以農業支持工商業的發展，所以有士、農、工、商的說法。但是在我的心目中，農民是天地間第一等人，他們勤其力、苦其身，日出而作，日落而息，供養所有的人。若無農民，我們無得溫飽，而且農民與土地感情深厚，崇拜自然，敬天愛人，是土地的守護者，純樸的他們是社會安居樂業和國家永續發展的基石。

不過，像雲林這樣一等一的農業大縣，過去卻被稱為醫療沙漠。

省立雲林分院改制為台大醫院雲林分院，是在二〇〇四年的四月一日，沒錯，這個日子十分特殊，是愚人節。這真是個命中注定的日子，因為雲林分院要不是有些至情至性的傻瓜的堅持，是不可能成事的。

當時，時任縣長的蘇文雄先生罹患嚴重肝病，透過同為雲林同鄉的李伯皇教授，找上陳維昭校長和李源德院長，懇切的拜託李院長：「雲林還有很多像我這樣的人，麻煩台大幫幫他們。」除了在縣府財政已極為吃緊的狀態下勉強撥出經費，也慨然提供台灣大學一大筆土地。

我記得，最開始時我一個月奉命南下到雲林教學一次，搭乘台鐵莒光號再換乘計程車到斗六，如今除了斗六外，虎尾院區也卓然有成，甚至前往院所的交通也大大地改善了，這當中歷經多少波折，同仁們又如何辛勞，真不是三言兩語可道盡。

這二十年來，台大派出最好的醫師及最優秀的院長，讓急重難罕的病人得以在雲林當地就醫，就地得到妥善照顧，不用再千里迢迢北漂、外轉，不但成為雲林人最信賴的醫院，也向守護中台灣健康的大目標更進一步。現在的雲林已無過去醫療沙漠的惡名，成為了綠洲，而成就這一切的，當屬願意留在此地深耕、付出的同仁，他們專注醫療、為病患著想的真性情，是支持台大醫院越過濁水溪屹立茁壯最大的力量。雲林分院第五任院長黃瑞仁教授的「傻」事即是一例，曾有某醫學中心以百萬月薪挖角，卻絲毫打不動他的心，繼續守著為鄉親打拚！雲林分院的同仁們就是這樣一群不懂計算也不會算計的傻瓜，有著至情至性的執著，不只有才能，更有擔當；他們擔負責任外也有理想，充分表現敬佑生命，救死扶傷，甘於奉獻，大愛無疆的情懷，他們的付出不僅賺得疾病的診療費，更贏得了尊嚴和當地民眾的敬重。

這些傻瓜超越自己，成為另類超人，有口皆碑外，也讓台灣大學雲林分院被政府及醫療同業看見。正所謂：「當你堅定往正確的目標前進時，全世界都會為你讓路。」有了他們奠基的成功，我們後來才能得力於來自各界的資助，中央政府補助了虎尾二期工程，國家衛生研究院也和台大醫院一起在雲林成立國家級高齡醫學暨健康福祉研究中心，進一步照顧此地為數眾多的老年人和農民，更加深耕雲林。

我們質樸的農民很會照顧土地，但是不善於照顧自己的身體，台大醫院的責任無比重要，我們責無旁貸地一肩扛起沉重的責任，加以縣府及台灣大學的大力支持，和地方鄉親對我們的信賴，不斷灌溉這塊寶貴的土地。

雲林分院的努力與成功有目共睹，後來更得到農業部，特別是陳吉仲前部長的鼎力支持，成立全台第一個「農業環境與職業健康中心」，象徵我們對農民的健康照顧邁向新的里程碑，除了能夠進行疾病與農業工作者職業暴露的因果關係判斷，也提供預防、治療及復健。這除了是台灣大學社會責任的具體實踐，也再度顯現台大醫院作為世界一流的大學附設醫院，就是要做別人不想做、不敢做、不會做的事。

約四十年前，台大醫院王榮德教授率風氣之先開設了職業病門診，今天台大醫院環境及職業醫學部的優秀醫師，包括在雲林的三位，都是他的徒子徒孫。這些人從事不會賺錢的科別，是負有理想的社會工程師，提供弱勢族群醫療平權的照顧，他們在雲林這塊土地上，一展從醫的抱負，悉心照顧生活在此地的人們，也因為有他們，台大總院才能堅持二十年，持續跨越濁水溪，在硬體和軟體給予雲林分院最大支持，派最優秀的團隊進駐。

雲林分院二十週年慶時，我在前往參加紀念典禮的高鐵上一直想，自己該帶什麼禮物祝賀雲林分院呢？總院對雲林分院已經是有求必應，要錢給錢，要人給人，思來想去，我發現自己竟只能送上祝福和感動。

和總院的一百三十年歷史相比，雲林分院的年齡雖然只有總院的尾數，但是這些年來獲得政府模範公務人員和各種獎項絲毫不遜色，甚至青出於藍，更勝於藍！過去常有人和我說雲林醫院魅力勝於城市魅力，因為距離台北太遠，所以在人才的留任有點困難，但實際上卻有許多在當地一待就是二十年的人員，單就醫生來看，更會發現當中不只嘉雲的子弟，更有不少離鄉背井南漂的天龍國子民。

我常和雲林分院的馬惠明院長說，我們要培養在地的良醫，更對年輕後輩說，要做有價值而非有價格的事。

越過濁水溪之後，我們是病患心中的唯一，這是留在台北很難做到的事。我想起花蓮門諾醫院黃勝雄院長，當時他獨排眾人勸阻，頂著美國總統醫療小組成員的光環，奉上帝旨意及內心的呼喚，成為花蓮唯一的神經外科醫生。他在回憶錄《回台灣買靈魂》當中引了創立門諾醫院的薄柔纜（Roland Peter Brown）醫師，一九九一年到洛城接受台美基金會頒發的台灣奉獻獎時的致詞：「台灣的醫生好像覺得到花蓮很遠，到美國比較近！沒有人要去花蓮，倒是很多人跑美國來。」這句「美國很近，花蓮很遠」成了名言，點出了台灣偏鄉醫療的困境和一名仁心醫者對此的慨嘆，成了許多醫師時時放在心上的一句話，感動了許多人，也把黃勝雄院長拉回台灣，繼承薄柔纜醫師的精神與遺志。

其實，醫者與病患之間，最遠的距離不是物理的距離，而是心理的距離。遙想一百多年前，一群優秀的日本帝國大學年輕醫生漂洋過海到台北大稻埕醫院，造就台大醫院傳奇的起點。相較之下，今日雲林和台北的距離，還遠嗎？重要的是醫者的心向哪裡、歸屬何方，只要有心，不管是濁水溪還是世界上最寬廣的河，都能堅毅地跨越。

大學時看過一部電影《新天堂樂園》，當中一老一少角色的台詞十分有意思。少年每天去找電影院放映師，老者便對少年說：「每天待在這裡，你會把這裡當成世界的中心，你會相信什麼都不會改變。」而當少年長大要離開故鄉，老放映師又跟他說：「別回來，別想到我們，不要回頭，不要寫信，不要因為思念故鄉而放棄。忘了我們。要是你放棄回來了，就別來見我。不管你最後幹了什麼，熱愛它，就像你小時候熱愛放映機那樣。」少年就像在行醫路上的我們，正在學習階段的未來醫者不可能一輩子待在同一所學校、同一間醫院，當他們踏上修練之路時，總是要跑得遠遠的，遠離孕育自己的地方，到天涯海角去成就一番事業，而愈遠離，能夠成就的事愈多、愈珍貴。

台大醫院已經越過濁水溪，而我們的腳步永不停止，永遠走向更遠的目標。

善與善的連結

醫學是不折不扣的社會科學，因此無法一成不變，必須隨社會變遷而調整，並與時俱進。新興傳染病對大家的影響甚巨，但主宰人類未來的三大趨勢是：人口老化、不平等及科技的發展。其中，人口老化促動了經濟行為、商機與政治決策的轉移；全世界的不平等，包括教育、財富、知識，權力、資源、機會等各方面，在不同族群間的分配，影響也甚於過去；此外，科技的發展對人類產生的影響完全顛覆了舊典範。於此種種而生的問題，和快速變化的未來，都使醫療從業人員輾轉反側、夜難以寐。

正如談論槍枝問題時，總有一派美國人會這麼說：「槍不會殺人，但是持槍的人會。」無論環境、物質世界如何變化，人始終是最關鍵的。對台灣來說，除了高齡化，更嚴重的是少子化，畢竟，只有人才能照顧人。

面對病人暴增、醫護短缺的現況，如何能改變轉型？醫療必須從偶發性治療，轉變成預防、長期的照顧管理，因此要從治療的醫學改成預防的醫學，從疾病的醫學往健康的醫學。中文的「危機」一詞當中，有「危」險，也有「機」會，如何善用新的科技提升有限人力的效率與效能，如何公平分配資源應對挑戰，往老年照護、醫養合一的方向前進，值得我們超前部署，可是，我們準備好了嗎？有足夠的合作夥伴一起並肩前行嗎？

我感到十分幸運與榮幸，台大醫院一路走來，始終有相信、支持我們的夥伴。醫院是許多人生命交會之所，也是連結善與善的所在，而這些善心之所以聚集、團結起來的原因，往往超越俗世的金錢與利益考量，我想應該有不少人與我有相同的感受。若生命的意義是讚頌真、善、美，批判假、惡、醜，那醫學即是用科學的真解決病苦的善、成就美事的行善志業，而非單純的工作或專業。

台大醫院總院所在的常德街一號，稱得上是台灣最重要的門牌，是人生五計（生計、身計、家計、老計、死計）最關鍵的處所。這所醫院能夠走到今天，有賴許多人無私的支持，讓設備、空間更完善。

在非正常狀態，當我們愈亟需資源、感到急迫時，愈可看出各路人馬與專業人士對醫療的支持。比如，台大醫院不少主治醫師沒有辦公室，但疫情期間迫切需要，然而若要擴增，工務室及企劃室評估最快也要二年才能大功告成，幸而當時台灣大學的管中閔校長慨然把經研大樓讓給醫院使用，解決了許多醫院主治醫師沒有辦公室可用的窘境，又經陳慧遊董事長及馬凱蕙檢察官的穿針引線，最後由急公好義的葉國一董事長的基金會及團隊支援，於四個月內完成了建設台大醫院經研辦公室這項不可能的任務，迅速落成並啟用。

這件事大功告成的那天，我一早醒來，便覺得這是我擔任台大醫院院長以來，最快樂的一天。

守住醫院，就能守住更多人！醫院是一個善與善連結的地點，時局愈緊張，情況愈危急，人們的善心便愈會散發光芒。新冠疫情嚴重影響人們生活的時候，亨通機械曾再抱董事長也曾打來一通電話，殷切盼望能對醫院伸出援手，我提到疫情終會過去，但是醫學的研究不能停緩，只有透過尖端醫學的研究和進步，才能真正解決問題，化解缺憾，曾董於是慷慨解囊，幫助我們成立尖端醫學中心。難以想像，光憑一通電話，竟開啟了如此重要的計畫，成就了又一次關鍵的建設。

另外台大癌醫中心的成立，也是必列入史冊、值得紀念的里程碑。從籌建到完成歷經十多年，過程歷經了多少人與單位的資助、幫忙，特別是鴻海創辦人郭台銘先生，不斷加碼捐贈我們，集合了如此多人的善意，最後我們終於有了輻射科學暨質子治療中心，和關鍵的質子治療系統。質子治療系統當中將質子加速達到治療所需能量的迴旋加速器有多神奇，我們的專家告訴我說它非常精準，不論在血管邊或是心臟旁，它都可以使命必達，而且不受治療劑量限制，實在是total solution，真正達到精準醫學的要求。我打個比方，之前的放射線治療已經是「轟動武林、驚動萬教」的倚天劍，但質子治療這一把是「號令天下、莫敢不從」，不折不扣的屠龍刀。

台大的癌醫中心將躋身世界一流，但有多少人知道，我們秉持「生命無價、健康至上」，台大總院全力支援的這個機構，不是個能「起大厝、賺大錢」的事業，不是以賺錢為目的，甚至「正派經營」還會賠錢，但即便如此，還有這麼多人慷慨支持我們追求行醫的理念、夢想，這才成就一個環境優美、空間寬廣，地利便捷的研究中心，讓我們以被列入世界一流的癌症治療及研究地圖為目標，無後顧之憂地繼續埋首，碌碌前行。

各界的支持並不僅限於支撐台大醫院醫療方面的發展，而是層層周到，不只支援技術、設備與研究，更關照身在其中的人。台大仁愛醫護大樓的開工典禮時，我便因此深刻感懷，良善與為他人著想的無私之心，真正影響至深。

台灣大學和台大醫院不只是台大人的台大，更是「台灣人的台大」。台大醫院肩負照顧國人健康之餘，也須關心同仁生活與工作的平衡，必須創造與時俱進、員工有感的制度和福利。除了重視員工成長、提供完整職涯訓練外，更要創造以人為本的友善職場環境，讓員工安心工作擁有影響力、滿意自己的工作內容、所有員工願意在台大醫院成就人生大事，使幸福的員工與企業的競爭力結合，如此為台大醫院的永續經營奠立牢不可滅的基礎，而台大仁愛醫護大樓就是其中一個重要的建設。成就它的是許多人孜孜不倦的辛勞規劃，和自各方點滴積累的善意。

當時是農曆二月初二，龍抬頭的好日子，更是土地公的誕辰。看著台大仁愛醫護大樓能在蛋黃區的蛋黃、帝寶級的土地上落腳，我不勝感恩。包括台灣大學陳文章校長、時任張上淳副校長，還有衛福部劉越萍醫事司長、台北市衛生局陳彥元局長，以及醫學院及本院眾多主管，都到了現場見證這歷史性的一刻，為仁愛醫護大樓的開工典禮共同祈福。

相信一般人難以想像，台大醫院的每棟建築物背後，都有多少人的遠見、細心規劃和全力支持，又有多少伸出援手及願意承包的廠商，他們每一個人都是我們的最佳戰友。

這棟台大仁愛醫護大樓首先有賴陳明豐院長的超前部署及先見之明，以合理的價格買下土地，也因為有這地方，我們新冠疫情期間才能有空間安置醫護同仁，度過漫長的三年。之後歷經黃冠棠、何弘能及陳石池院長的規劃，大家一致同意在此興建新的醫護大樓，並且將和未來在旁的林森大樓，共同擴增幼兒園及托兒所量能，期望能夠有效提供醫護同仁更多居住和育兒的資源。疫情穩定後，王亭貴和婁培人兩位副院長又加緊腳步推進計畫，才終於有我參加的開工典禮。

改革及創新需要團隊的齊心努力，就像大隊接力賽一樣，一棒接一棒，不能漏接、掉棒，除了外部應援的力量，還要有內部貫徹信念的執行力與開疆闢土的能量，才能順利跑抵終點。

風塵之中，必有性情中人，許多人對台大醫院的善意，都是一約既定、萬山難阻，而我何其有幸，能夠參與、促成這麼多次善與善連結的過程，成就與台大醫院的許多段善緣。

《史記．伯夷列傳》言：「天道無親，常與善人。」人生在世會經歷什麼難以預測，但天道是公正的，善人必有庇蔭。我深信，善，是最好的投資。正如電影《一代宗師》的台詞所言：「念念不忘，必有回響。提一壺酒，點一盞燈，聽一場雨。有雨就有痕，有燈就有人，有酒就有魂。」

第四部

消化系醫學・內科人生

”

古之善為醫者，上醫醫國，中醫醫人，下醫醫病。

——孫思邈，《備急千金要方・診候》

“

第八章

最好的時代・最被需要的時代

台大醫院以世界一流的大學醫院自許，研究創新是重中之重，主治醫師可以到臨床醫學研究所半工半讀，除了臨床的指導老師外，也必須有基礎的教師共同指導。

行醫之路漫漫，我投身消化系醫學領域，研究主題從胃癌的致病機轉開始，最後聚焦於胃幽門螺旋桿菌及腸道菌，並且透過除菌治療於馬祖及台灣預防胃癌的發生，達到預防勝於治療，「上醫治未病」的成效。這一路除了指導教授外，也碰到不少同儕典範啟發。透過研究，除了發表頂尖論文外，其成果也確實改變疾病的診療，造福影響更廣大的民眾，以胃癌而言，現今已經從十大癌症死因之第三位，降至第八位。

我所在的消化系醫學究竟是什麼樣的學門？為何在現在這個時代這麼受歡迎？我想從一個復活節誕生的諾貝爾醫學獎說起。

每年春分月圓之後的第一個星期日是復活節，主要是紀念耶穌於死後第三天復活的事蹟。我雖不是教徒，卻對復活節相當有感，除了因為復活節（一般落在三月二十二日到四月二十五日之間）來臨常象徵嚴冬已盡、大地春回，萬物開始復甦，一切充滿了希望，我除了認同「春天」、「生命」、「希望」的意義，也因為二〇〇五年諾貝爾醫學獎得主馬歇爾發現幽門螺旋桿菌的紀念日就在復活節期間，某年的復活節更剛好落在四月十二日，他獲獎項這一天，別具意義。

我和馬歇爾有些淵源，加上曾經花了點時間靜下心來梳理他的故事，因此在這裡把這一段有點長的故事分享給大家，作為介紹消化醫學的引子。

復活節誕生的諾貝爾醫學獎

雖然距今一百多年前就有學者注意到動物的胃裡可能有細菌，但是由於我們胃內的酸鹼度極度偏酸（pH值約在一至二之間），因此多數的權威專家們對於這種想法普遍嗤之以鼻，甚至認為那些號稱看到細菌的觀察，都是不小心受到汙染的粗心結果。直到一九八二年，在澳洲伯斯（Perth）皇家醫院服務的年輕住院醫師馬歇爾（Marshall）到病理科追隨華倫（Warren）做胃腸病理研究，他們發現在很多消化性潰瘍（peptic ulcer）患者的胃部切片上，可以明確的看到形似細菌的東西，開啟了推進消化醫學的關鍵實驗。

「初生之犢不怕虎」的馬歇爾在一片不被看好下開始培養細菌，遺憾的是接下來的無數次努力卻都只讓他嘗到失敗的苦果。又一次實驗失敗後，正值澳洲一年一次的復活節休假即將到來，心灰意冷的馬歇爾忘記收拾實驗室的培養皿就去度假了。當他再度回到實驗室時，改變現代上消化道疾病診療最重要的幽門螺旋桿菌，竟首度在人體外被培養成功。這一石破天驚的發現，揭開了近三十年來消化道疾病診療觀念大突破的序幕。

仍然沒沒無名的馬歇爾先將自己的重大發現投稿到澳洲消化系醫學會年會，想不到竟然被退稿。不服氣的他和華倫，在蒐集更多案例後以「讀者投書」（Letter to the editor）的形式，發表在英國的《刺絡針》雜誌。

為了支持自己的發現，也為了喚起學界的重視並杜絕眾多反對者的悠悠之口，馬歇爾自己吞食培養出來的幽門螺旋桿菌做實驗，結果證實的確會造成急性胃炎，並且在服用抗生素後，這些細菌即消失不見。他們的努力以及實驗證據讓情況慢慢逆轉，不少學者開始關注幽門螺旋桿菌的實驗，而「三千寵愛集一身」的結果，除了很快地建立起「上消化道疾病可能為感染疾病」的觀念外，更瓦解了百年來被奉為圭臬的「無酸無潰瘍」，認為胃酸控制得宜就能有效治療潰瘍的法則。

於是，占成年人口十到十五%的消化性潰瘍，自此不再是「餓也痛、飽也痛，還可能出血、穿孔、狹窄」令人聞之色變的可怕慢性疾病。合併二種抗生素的三合一除菌療法，自一九九四年以後也成為消化性潰瘍治療的主流，這種劃時代的療法，讓潰瘍患者的年復發率從五十至八十五%降至一至二%，徹底推翻過去因為復發機率高而有的「一日潰瘍，終身潰瘍」的陳腐觀念，使消化性潰瘍從可控制變成可治癒的疾病。

馬歇爾鍥而不捨的努力及拿自己身體做實驗的勇氣，不僅贏得學界的掌聲及尊重，也讓自己成了潰瘍患者的救星。這些不凡的成果，讓他和華倫共享二〇〇五年諾貝爾生理或醫學獎的光榮。

一種細菌、普世的疾病

馬歇爾發現幽門螺旋桿菌，開啟探究人們腸胃疾病的新門扉，影響了不少研究者、醫者，造福了多少為疾病而苦的人。他與華倫的發現是劃時代的，因為他們徹底改變了我們對腸胃疾病的認知，因此改善了治療的方法，更為後來的研究者推開了一扇前所未有，通往預防醫學的門扉。

我想不少人都聽過「腸胃健康，身體就健康」這句話，腸胃的確與我們全身上下密切相關，而且腸胃問題是特別普遍、普世的。

有多普世呢？以幽門螺旋桿菌來說，它是一種只生長在胃部（或含有胃黏膜細胞處）的葛蘭氏陰性菌，它具有四到六根纖毛，可以很快潛入胃黏液下層並附著於黏膜細胞，而且擁有特殊的尿素酶（urease），利用胃內的尿素分解產生二氧化碳及氨，來中和強酸，也因此，別種細菌避之惟恐不及的惡劣環境，卻是它理想的安樂窩。幽門螺旋桿菌不只能夠存活於一般細菌無法應付的環境，它還是目前全世界感染率最高的細菌，透過人與人之間的「口－口」或「糞－口」接觸感染。估計在開發中國家有七十至八十％的人遭受感染，且大多數是在十歲以前，透過家族成員間親密接觸而導致；已開發的國家則感染率較低，但每年仍以一％的幅度成長，成年人也有三十至四十％的感染率。近年來台灣公共衛生改善，家庭結構及生活習慣改變，兒童的整體感染率有下降的情形，不過四十歲以上成年人當中，可能也有五十％以上的人曾受此菌感染。

當人類受此菌急性感染時，並無特異症狀，因此很多人並不曉得自己是何時感染的。絕大多數的被感染者都屬於慢性感染，換言之，此細菌進入人體後雖然會引起免疫和發炎反應，但我們的免疫系統並不足以將此菌趕盡殺絕。通常若無外力介入（例如服用抗生素），此菌將會常存我們體內而成為「一生的伴侶」。

值得注意的是，感染後胃部的發炎狀態因人而異，八十至九十％的感染者終其一生處於無症狀的慢性胃炎狀態，但是也有十至十五％的感染者產生明顯的胃竇部發炎以致成為消化性潰瘍（胃或十二指腸潰瘍），另外一至二％的人則演化成萎縮性胃炎終至胃癌，極為少數的人則成為胃黏膜相關淋巴組織淋巴瘤的患者。這種「一種細菌，多種疾病」的現象相當特殊，值得再多重探究。

腸中乾坤：現在與未來

消化醫學承繼了過去前人的堅實研究，能夠有效治療現在我們面臨的疾病，也是預防未來疾病的重要學門。

一九九四年，幽門螺旋桿菌發現十週年的研討會在美國休士頓舉辦，我因緣際會見到了馬歇爾。那時候的我剛完成胃腸科總醫師訓練，和林肇堂教授連袂與會。會議結束後，我在旅館櫃檯結帳，正準備飛往洛杉磯開世界消化醫學會會議時，眼角餘光瞥見馬歇爾竟在一旁看報紙，興奮之情難以言喻，於是以粉絲的心情趨前打招呼。

我晉升主治醫師後，攻讀臨床醫學研究所時的指導老師林肇堂教授和陳建仁教授給我的研究題目是胃癌的流行病學、組織學及分子生物學特徵，當時即陸陸續續有報導幽門螺旋桿菌和胃癌發生息息相關，因此我持續關注此一領域的發展，也做了初步的流行病學及病理研究（Gastroenterology 1997, 2000）。馬歇爾是開啟這一連串研究的關鍵人物，也是我的偶像，那次我很榮幸地和他合照了一張。後來，二〇〇四年馬歇爾在澳洲伯斯舉辦幽門螺旋桿菌發現二十年紀念研討會，我和林教授再度與會，與他留下另一張合照，隔年，他和華倫兩人即同獲諾貝爾獎。此後，很多學者都認為幽門螺旋桿菌相關的研究已「利空出盡」，不值得再花費太多氣力在此領域，但我卻不認為如此，繼續集合多方資源與人才進行研究，而正是這一系列的研究奠定我們團隊在此領域的知名度，從此有資格由台灣杯進入世界杯與各國研究者在此領域交流、競爭及合作。

二〇二四年，在我擔任了六年消化系學會理事長的「畢業典禮」上，高雄醫學大學附設中和紀念醫院的吳登強會長指定我講一講消化系醫學未來十年的發展，我提到，我們並無法確定未來是否會更好，但是知道一定會「更老」。台灣二〇二四年已經有六個城市的總人口中，六十五歲以上老人超過二十%，顯示超高齡社會已經提早到來。在此之前，世界衛生組織就指出癌症和心血管疾病、糖尿病和慢性肺病等非傳染性疾病，占了七十二%的世界人口死亡率。在這樣的趨勢下，消化內科醫師以及消化系醫學的相關研究，愈來愈舉足輕重。

為什麼呢？因為消化內科醫師在老年化社會當中能夠治療的疾病十分多元。舉例來說，消化內科醫師也是腫瘤科醫師，肝癌、大腸癌、食道癌、胃癌和胰臟癌的診療都和我們有關，若再加上口腔癌，等於十大癌症當中有過半需要消化專科醫師協助。另外，肥胖和營養不良的議題也和胃腸脫不了關係，近年有愈來愈多的先進，運用內視鏡縮胃手術成功治療糖胖症患者。

不只在現有的疾病上能有相當作用，消化醫學在開創新的疾病治療、結合新科技上也走在時代前端。

輝達（Nvidia）老闆黃仁勳曾在一次採訪中提到，若有機會再回學校讀書，這次他不會選擇主修電腦科學（computer science），而會選生物學（Biology）。對此，我的認知是ＩＣＴ產業已經改善生活，但若是Bio結合ＩＣＴ，則能影響生命，因此生命科學是ＩＣＴ應用的最後聖域。

消化醫學領域已經有不少結合ＩＣＴ的潛在應用，不論是電腦視覺發展的影像診斷，基於過去大數據開發的臨床決策系統，甚至是生成式ＡＩ的應用，都已經是現在進行式。ＡＩ已然成為我們研究的輔助角色，就像開飛機的副駕（co-Pilot）或智慧助理ＩＡ（intelligent assistant）。未來在實際落地應用前，應該加強醫療品質（quality）、病人安全（safety）和臨床效果（efficacy）的研究。另一個值得注意的技術進展是多體學（multiomics），除了基因體外，包括蛋白體、代謝體，甚至最近很紅的微生物體，都能讓我們對個人特徵的掌握更清楚，既見樹也見林，真正做到個人化的精準醫學，而且也因為可以更正確的評估（assess），能給出最佳的建議（advise），讓個案得以採取有效的行動（act），做到精準健康的三Ａ實踐。

腸道微生物的進展，讓消化醫學，特別是我所在的消化內科成為當紅炸子雞。我常說「先天基因體、後天微生物體」，腸道乾坤大，腸中自有黃金屋。正如前文提及的，腸道菌也和癌症及肥胖治療息息相關，而過去大家常聽人說「腸胃能影響大腦」，也就是我們都非常熟悉的「腸－腦軸（gut-brain axis）」，它負責聯絡大腦所在的中樞神經系統與腸道所在的腸道神經系統，是大腦和腸的溝通橋梁，人體的許多問題，從精神差到慢性病都與之相關，當中腸道裡的菌叢更是扮演關鍵角色，如今，我們更進一步講「腸－系統軸（gut-systemic axis）」。台大團隊研究的「腸－心軸」為心臟病的預防及治療帶來新的曙光，相信未來會有更多的「腸－肝軸」、「腸－腎軸」的研究及創新。

現在腸道微生物組學的進步，已經讓過去我們束手無策的大腦疾病見到曙光，對「腸－腦軸（gut-brain axis）」的進一步了解，在憂鬱症、自閉症、巴金森氏症等治療上有不少新開展。

腸道健康關係全身健康，牽一腸而動千鈞，誠然不假！腸道生態失調後，透過腸－腦軸及紊亂的代謝及免疫會造成全身性的慢性炎症。若問一般民眾恢復平衡的治療手段，大家馬上想到的就是古老的長生不老藥——益生菌。益生菌固然有用，但問題在不論是菌種、菌株、菌量及製型皆受到質疑，更基本的問題是人們服用後益生菌能否定植腸道，且相關的產品多欠缺嚴謹的臨床試驗，因此雖然在市場銷售驚人，但仍然只能作為保健食品。

除了益生菌，還有使用抗生素及糞菌植入（fecal microbiota transplantation，FMT）的方法，前者雖是常見的治療方式，但盲點在於效果可能短暫、抗藥性及副作用等問題，後者因為畢其功於一役的改變腸道生態，成為熱門選項，《特定醫療技術檢查檢驗醫療儀器施行或使用管理辦法》甚至因此修改，針對此項目做了規範。

FMT固然有效，有不少研究者追捧，甚至出現了「黃金銀行」（stool bank，糞便銀行、糞便微菌庫），解決供體（donor，捐贈者）的問題，但是仍非一勞永逸的方法，當中存在不少亟待解決的隱憂，包括原理機制不明、供體選擇標準不清、長期安全性堪慮。

更積極、深入探討ＦＭＴ有效的原因後，又出現了二種新的治療方法。其一為全譜微生物組產品（full spectrum microbiota，ＦＳＭ），它包含多種經過嚴格篩選，從人類供體樣本蒐集的微生物，並根據ＧＭＰ標準加工成膠囊，旨在恢復微生物組的多樣性和功能；另一種為合理選擇微生物組產品（rationally selected microbiota，ＲＳＭ），含有可在純培養物中生長、參與靶向機制的精選微生物菌株，該篩選過程依賴機器學習平台。

透過高通量序列分析找出特定細菌，再藉由培養把關鍵菌分離出來，並在大型發酵槽中培養這些細菌，以廣泛為患者使用，提供更多的幫助和希望。在可預見的將來，ＦＳＭ和ＲＳＭ可望取代ＦＭＴ，成為恢復腸道生態的新方式，而所謂的培養體學（culturomics）平台也會水漲船高，成為產學界的新寵。

從上述治療方法的進展可見，腸胃的學問深且廣，一腸繫全身，一胃照顧我們每一個人，相關領域的研發與技術更是日新又新，我時有今日已非昨日之顏，昨日知識已是百年舊聞之感，而正是這樣的一門學科，正是這樣一群時刻汰新所學的腸胃科醫師，也是全面的預防專家（Gastroenterologists also as preventists）。台大團隊在根除幽門螺旋桿菌預防胃癌及B、C肝防治的預防肝癌不僅造福國人，也是不折不扣的台灣之光，我們的經驗甚至已成為世界準則。

愛因斯坦說：「聰明人解決問題，天才預防問題。」哈拉瑞則說：「二十世紀的醫學在治療疾病，二十一世紀的醫學著重健康和預防醫學。」現在是消化醫學最好的時代，也是消化醫學最被需要的時代，此刻的消化醫學，在學術、教育，及國際交流都取得很好的進展，消化內科也是內科年輕醫生的次專科首選。假如我是黃仁勳，縱使擁有一間極為成功、帶領科技發展的公司，要再度從零開始、從頭來過，也會想要當消化內科醫師吧。

第九章

永不休止的研究之路

我一九九五至一九九八年間在臨床醫學研究所攻讀的主題是胃癌。這個研究主題影響我人生至深，每回打開電腦，我的思緒總不由自主回到三十多年前，當時的我還是個正受老師們啟蒙的內科住院醫師，滿腔熱血、鬥志昂然，現在的我雖然大部分時間做行政的工作，但研究的熱情絲毫不減當年，特別是坐在書房當中，我的內心便特別寧靜，真心覺得只有這裡才是真正屬於我的位子。

消化系醫學從細菌致病（germ theory）到細菌治病（germ therapy），一路走來，已有翻天覆地的改變，我何其有幸，所在的年代有這麼多重大的進展。當初寫論文時，老師只有給我研究的主詞「胃癌」，其他則全看我自己的想法，於是我埋首苦讀，修了流行病學、分子生物學，再加上我在第三年住院醫師三個月的病理科知識，進行了一系列的研究，後來順利在一九九七、二〇〇〇年，在《胃腸學》（*Gastroenterology*）期刊上發表了研究成果，也在一九九五、一九九八年於《癌症研究》（*Cancer Research*）上發表了文章，主題是分析不同胃癌組織病理和基因變化及臨床表徵的關係。

以現在功利的角度來看，我當時文章發表的雜誌確實不錯，在學術上也算是有貢獻，可是就實務上來說，胃癌那時還是台灣十大癌症死因的第三位，每週我在內視鏡室替病人檢查，仍發現不少晚期胃癌病灶。儘管幽門桿菌的研究適時的出現，發現者還在二〇〇五年獲頒諾貝爾獎，但臨床上還有兩個重要問題待解決：一是為何同樣是感染幽門螺旋桿菌，有的人終其一生是胃炎，而也有不少人不幸的罹患潰瘍、胃癌、淋巴癌？二是能否以抗生素根除細菌，來預防相關的疾病？

成為主治醫師後，針對第一個問題，我組織了一個臨床、藥理、生化，並且聚集中研院及台大人才的團隊，找來藥理學陳青周教授、生化學周綠蘋教授，中研院林俊宏研究員，組成跨臨床及基礎的團隊，以「為何一種細菌可導致多種疾病」為研究主軸，並做深入探討。我們陸續發現細菌致病因子、宿主敏感性及環境因子三者交互作用所造成不同程度胃炎，是後來形成不同疾病的主要原因。發表了一系列研究，證實不同環境、宿主和細菌毒性因子導致不同胃炎的程度，是造成感染後不同預後的主因。

針對第二個問題，由於要在社區針對無症狀病人除菌，必須要在抗藥性和病人是否能遵從治療方法的遵從性平衡當中找出最適合處方，於是，我聯合台大醫院，台灣北、中南的醫院，加上台灣大學與地方政府的力量，成立了「台灣幽門桿菌及胃腸疾病臨床試驗聯盟」，進行一系列臨床試驗，發表不少改變治療準則的重要成果，也找定馬祖進行社區篩檢及預防場域，驗證可行性及治療的結果。

在馬祖的日子

遙想一九九五年，我當主治醫師第一年，還是念臨床醫學研究所的菜鳥，在林肇堂和陳建仁兩位教授的監督指導下，首次踏上馬祖島，為的是探究兩位老師提出的問題：為何馬祖胃癌的死亡和發生率是台灣的三到五倍？記得出發時是晚上十點，我在基隆港和一群熱血青年帶著當時的纖維式胃鏡（fiberscope）上了台馬輪，在冥冥夜色中前行，一直到早上六點，船才在南竿島靠岸。

地中海般的景色加上特產高粱酒，在當地鄉親的好客下，來這做研究的我們每個人的酒量都增進不少。當時沒有人能預見這系列研究的結果將會大大改變未來，沒人知道實驗會不會成功，我們又能不能從中獲得突破性的結果，即便忐忐不安，我們這樣默默地待在離島，日日勤懇地努力，從此與馬祖結下了不解之緣，奠定在幽門螺旋桿菌和胃癌研究的深厚根基。

後來陳秀熙教授帶著李宜家教授加入，將研究方向由用血清胃蛋白酶原（pepsinogen）及胃鏡篩檢，轉向幽門螺旋桿菌篩檢及治療，再後來我建立了團隊，由劉志銘主責臨床試驗，此後台大、馬祖及台灣在此領域的研究一飛沖天，結果陸續發表在《腸道》（*Gut*）醫學雜誌、《胃腸學》、《刺絡針》及《刺絡針》子系列文章，奠定台大在此領域的國際地位，更在其後成為領頭羊，前進世界衛生組織（WHO）下的國際癌症研究機構（International Agency for Research on Cancer，IARC），將台灣經驗分享給全世界。

三十多年前，我還是小醫師，跟隨老師到馬祖試著解決當地比台灣高三至五倍的胃癌高死亡率。除了一行醫生風塵僕僕的投入當地醫療，我們也運來胃鏡、超音波，只為給當地民眾更好的服務。

馬祖的醫療一直以來都是難以解決但無比迫切的重要議題。許多重要的資源都集中在台灣，當地居民的醫療不足，便利性更是一大問題。某年我重回馬祖，回程當日下午五點半，人都已經在南竿機場準備登機，從台北松山機場起飛的飛機也已經接近南竿，卻因當地起霧，飛機在機場上空繞行三次，不得已只得折返台北，我們只能望機興嘆，就地再住一宿，沒想到隔日雖然台北晴空萬里，南竿島天氣卻比昨日更壞，陰雨綿綿不打緊，機場還直接關閉，我們一行人便臨時改搭輪船回本島，意外得以重溫三十餘年前小醫師時期的體驗。當時特別來送我們一程的劉增應縣長和陳美金局長不停致歉，我對他們說，我只是一時不便，這卻是馬祖人的日常啊！請他們務必別掛懷。

「同島一命」說起來容易，但何時馬祖人才能像金門一樣，擁有噴射引擎飛機能夠起降的機場？

記得我們改搭的「新台馬輪」十分嶄新，非常舒適，行進中已聞不到三十年前的柴油味，而且在回基隆港時有更新路線，先繞到東引。過去，這是「反共救國軍」駐守的島嶼，也是很多人當兵時抽到「金馬獎」難忘的所在。經過近八小時的航行，當船終於接近基隆港，已不是小醫師並且見證馬祖醫療一路發展的我，竟發現自己與過去不同，從馬祖回程時心中不再憂心忡忡、掛念島上種種，而能夠悠然想著：從這個角度來看台灣島，還真是頗能體會葡萄牙人為何稱台灣為「Ilha Formosa」——婆娑之洋的「美麗之島」。

醫者父母心，前連江縣衛生福利局的劉增應局長，在連江縣立醫院任醫師時，曾不忍心告訴眼前的患者他只剩六個月的壽命，如今，連江縣民平均壽命高達八十七歲，比台灣本島人的八十一歲還多六歲，回首過去，真是感慨萬千。

馬祖天后宮裡有副對聯：「濟世良醫妙手可回春，護航神女慈心能化險。」正是媽祖一生寫照，也是吾輩行醫中人念茲在茲的慈悲與愛、普渡眾生、莫忘初心之寫照。轉眼間，當年的黑髮少年皆已視茫茫、髮蒼蒼，這麼多年來，我們結識了國內外不少有志之士，大家一同以消滅幽門螺旋桿菌和胃癌為職志，凝聚了更大的醫療力量。讓我們最高興、有成就感的不是發表多少篇論文、受到多少人肯定與讚許，而是讓台灣的胃癌死亡率大幅下降，而這一切的成果，都有賴團隊合作，不只是台大醫院、台大公共衛生學院，馬祖認真的醫護及公衛團隊更是重要，我在其中不過是一顆小螺絲釘，是這些台灣之光擴大了我的深度、廣度和高度。

從幽門桿菌出發的研究，至今已有豐碩的成果，我們近幾年的研究更擴展到腸道菌，發現腸道菌可以經由代謝免疫影響全身性疾病，為往後的精準診斷、治療和預防奠下更好的基礎。研究是永不休止的，這些持續發表的頂尖成果，讓台灣準則成為世界準則，也讓二〇一九年在台北舉辦的亞太消化學醫學會議當中，訂定的「台北共識」——二十六條根除幽門螺旋桿菌與預防胃癌的準則，成為醫學雜誌《腸道》二〇二〇年的封面主題。此外，預防的工作後來更從馬祖擴展到原住民社區及彰化，我們的研究與預防結果除了讓世界看見台灣，更令人欣慰的是改變了病人的命運。未來，胃癌有機會退出造成台灣人死亡率第一高的十大癌症列表。

第五部

師與友

”
山不在高，有仙則名。水不在深，有龍則靈。
——劉禹錫，〈陋室銘〉
“

第十章

良師・良醫

韓愈在〈師說〉裡這麼寫道：「師者，所以傳道、授業、解惑也。」老師是教人改變的工作，是「以生命影響生命」的偉大職業。過去有「經師易求，人師難得」的說法，經師專業嫻熟，職責在授業解惑，這樣的能人易得，而人師德行高潔，任務在弘道樹人，不只是累積足量知識就能成，因此是難能可貴的。知識的傳授和人德的養成，兩者都是文明社會不可或缺的重要角色。我很幸運，在醫學之路上蒙受許多良師的教誨、提攜。

除了良師，還有與我持續相互砥礪的前輩與同儕好友，他們許多都是極好的醫生、研究的佼佼者，我們各自持著好的初念（想法），在三個M——方法（method）、材料（material）及經費（money）之間操煩、奔走，致力於創新與突破的同時懸壺濟世。每每與他們往來、切磋，我都深感詩人王勃所謂的「海內存知己，天涯若比鄰」寫得真是貼切無比。在名利之外的情誼最是珍貴，財富不會是我們最好的朋友，但朋友肯定是我們最好的財富。

台大醫學院及台大醫院以培育良醫為己任，而良醫除了有清晰的頭腦外，也有一顆慈悲的心。我何其幸運，身邊始終有值得敬佩的良醫仁心，他們各個都是濟人濟世的俠士，武功高強，卻又謙卑不已。

我這一路走來，有最優秀的老師引導，最聰明的同儕與益友，知識和技術與時俱進，而他們秉持信念不斷往前的姿態，給我立下崇高的標竿，讓我在這功利社會中堅守自己的志業，不忘初衷。他們開啟我習醫的熱情，是我醫學生涯最重要的人物。

恩師：林肇堂教授、陳建仁院長

我的兩位指導老師林肇堂教授、陳建仁院長影響我至深。當年除了臨床的林肇堂教授外，所裡規定要有另外的基礎老師，我於是很幸運地接受陳建仁院長的教導。他們兩位的指導、他們的身教、言教使我深深體會到人生四度：專業深度、跨域廣度、做事高度和為人溫度。

林教授帶領我登堂入室，進入深奧的腸胃醫學領域，陳建仁院長則讓我領悟流行病學和公共衛生堂奧之美。我今天能夠成為還不錯的醫生和老師，一切都要歸功於他們無私的教導、耐心的引導，以及溫柔的守護。

林肇堂教授行醫已逾四十年，台大臨床醫學研究所博士的他是台灣消化醫學會名譽理事長、台灣消化系內視鏡醫學會名譽理事長，目前在高雄義大醫院任副院長，也是輔大醫學系講座教授與亞太消化內視鏡醫學會理事。他是消化醫學的權威，是胃癌與本土幽門桿菌相關研究的開路人，在胃癌防治上厥功甚偉，二〇一五年更榮獲胃腸科醫師最高榮譽——亞太消化醫學會馬歇爾及華倫胃腸學獎章（Marshall & Warren Luminal Gastroenterology）。

他提倡全人醫療，在任義守大學與輔仁大學醫學院院長期間，不只致力於培養人才、培育良醫，更關注改善醫學院的專業環境。在忙碌的教學與研究生活之餘，他慷慨地撥出許多時間，致力於醫學以及腸胃疾病及相關知識的科普工作，筆耕不輟，多次號召團隊出版了多本書籍，從寫第一本書至今，寫作已逾十年，最新出版的是二〇二三年的《腸保健康好胃來》（堡壘文化），書中不僅有消化道功能的結構、症狀、病徵的簡介，以及常見消化道疾病的詳述，更包括腸道菌、現代科技的運用，和未來醫學的新境界和視野，真是集學術性、權威性和可讀性於一體，堪稱登峰造極之作。

有句名言是這樣的：「人的影響短暫而微弱，書的影響廣泛而深遠。」我想林肇堂教授深知書是唯一不死的存在，他於是將永恆的知識以書本的形式留給醫療從業人員參考，以提升腸胃病人的照顧品質，也留給一般大眾更增進對自己身體的了解。

陳建仁院長堪稱是台灣民眾最熟悉的教授了。他是美國約翰霍普金斯大學（The Johns Hopkins University）的流行病學博士，是世界首屈一指的流行病學家，以烏腳病和病毒肝炎的研究聞名國際，學術研究成果豐碩，發表了超過八百篇論文，被引用的次數超過十萬次。在SARS大流行時，他是帶領全民一起防疫的衛生署長，並且曾經當過中研院副院長、國家科學委員會主任委員、行政院院長、第十四任中華民國副總統等職，此外更是獲獎與榮譽無數，曾獲總統科學獎、中山勳章，並獲選為中央研究院院士、世界科學院院士等。他一路走來，都是奉獻給學術，奉獻給台灣民眾的。

二〇二四年，自行政院院長一職卸任，陳建仁院長並未像許多人猜測的那樣退休頤養天年，反而選擇回到中研院，繼續站在第一線，繼續他的學術生涯。

除了流行病學方法外，陳建仁院長對我的啟發，更多的是眼界和態度上的提升，特別是在當下，這個時代人們的幸福感從來自「有夢做」，變成「有錢花」，我們的人生價值觀從「人生的意義」、「心靈的底蘊」簡化到以「有用還是無用」來衡量價值。老師他一直以來的態度與信念，讓我了解到自己這一生一定要做有價值的事，此外他非常堅定的信仰也深深感動了無神論的我。從他身上，我學到的不止是方法，而是一輩子忠於自己及上帝的嚴謹態度。

從醫之人也皆如此，因為信念堅定，我們持之以恆、堅忍不拔。

有人將人生比喻是一場馬拉松，在起跑那一瞬間非常擁擠，但跑完一段後，選手們的距離就拉開了，即使你起跑時有一點優勢，此時也蕩然無存。最終通往成功的道路，並不像想像那麼擁擠，因為在人生的長路上，絕大部分的人跑不到一半就主動退下了。到後來，剩下的人不是嫌競爭對手太多，而是發愁找一個同伴陪自己跑下去。陳建仁院長始終在賽道上。看著他，我總是想，一些過去念書比我們更優秀，在起跑線上有更好位置的人，早已放棄人生的馬拉松，而我們能跑得這麼遠，甚至到超乎想像的遠方，達到更高的境界，僅僅是因為我們還在跑，如此而已。

二〇二三年，林肇堂教授新書出版時，我獲邀參加了新書發表會及簽書會，現場冠蓋雲集，但跟再多、再厲害的各領域專家相比，當天讓我最緊張的是陳建仁院長也在現場，兩位指導教授齊聚一堂，讓我瞬間繃直背脊、肅穆萬分，連說句幽默的話之前都要思量再三，彷彿回到三十多年前領受兩位諄諄教誨、傳道解惑的日子。想來無論我年歲如何增長、指導了多少學生和醫師，面對林肇堂教授與陳建仁院長，我永遠是那個菜鳥醫師，而他們永遠是敦促我往前再往前、精進再精進的導師。

良醫：巨人般的前輩

我最佩服的哲學家之一——不，是投資專家——巴菲特有句名言：「不管有多高的才能、付出多少努力，要成就一些事情就是需要時間。就算同時讓九位女人懷孕，也不可能在一個月後生下一個孩子。」醫學領域的研究和投資一樣，必須禁得起時間的考驗。成功學裡更有「一萬小時」的定律之說，意謂：每日工作三小時，經過十年累積到一萬小時，無論做什麼都能水到渠成。「十年磨一劍」的說法也是如此，內科領域當中有許多十年以上資歷的鐵匠，他們每日兢兢業業、持之以恆地研究，創造出豐碩成果。這些人都是國之棟梁，真正的大明星，值得社會肯定，也是我佩服不已，巨人般的前輩。

#少問世事，多做研究：莊立民教授

我和莊立民教授不僅有同事之情，更因緣際會地有過同「室」之誼。我的老師——林肇堂教授是莊教授的同學，而我之所以有機會親炙莊教授的指導，便是因為這兩位老師任副教授時同在一間辦公室。林教授那時兼內視鏡科主任，讓我使用他在十三樓的辦公室方便討論與進行相關作業。

莊教授寡言但實幹，敏於行而慎於言，是精進專注於專業的典型人物。每天一早，他進辦公室之後會先泡杯咖啡並餵魚，在咖啡香縈繞中展開新的一天。喝咖啡時，他眉目間是如此淡定從容，流露出只有真正心靈寧靜時才能感受的幸福，這無形中感染了我，讓以前只喝茶的我也開始愛上咖啡苦中帶甘的滋味。

莊教授應該是台大醫院第一位研究型主治醫師，熱愛研究的他那時身懷「分子生物學」及「遺傳學」兩項絕技，用此做了不少有關糖尿病和肥胖的重要研究，成果皆發表於糖尿病和內分泌學的頂尖期刊。想當然耳，很快地，他就和林肇堂教授同時升任教授，於是我只好依依不捨地搬離了那間他們共用的辦公室。在這短短的共處期間，我從他身上學到一介高手以及成為醫師科學家所需要的勤奮和自律。莊教授熱愛研究，他的自律完全是一種巡航狀態：持續、穩定，沒有磕絆，自然而然，而且不需要額外的補貼，不需要意志力的調動，不需要去曬朋友圈，也不需要自我感動，更不需要自我說服和強迫。像他這樣的醫者，蓄積的研究量能著實驚人，當然也成就斐然。

台大的糖尿病研究傳承，從林瑞祥教授、戴東原教授到莊立民教授，至此集大成，在國際發光發熱。論文發表的層次也不斷提升，從《糖尿病學》（*Diabetologia*）、《糖尿病照顧》（*Diabetes Care*）到《美國醫學會期刊》（*JAMA*），甚至到《PNAS》、《自然》（*Nature*）、《細胞》（*Cell*）、《自然遺傳學》（*Nature Genetics*）等吾人很難望其項背的期刊雜誌。因為在研究上的傑出貢獻，莊教授理所當然的囊括所有的學術獎項。他絕對是完全符合已故台大醫學院杜聰明院長「樂學至上，研究第一」的大學教師典範。

就像所有一代宗師，莊教授帶領台灣看見世界，也讓世界看見台灣。更重要的是，他不止保持外貌的年輕，心態也很年輕，就算現在已從第一線退下，也絕對是「退休不退志，退休不退情」，持續在研究上與時俱進，為台大醫院培養更多的醫師科學家，以造福更多的病患及貢獻國家社會。

但行好事，莫問前程：許金川教授

台灣大學內科名譽教授許金川先生，是誓滅國病的「肝爸」，提到肝病研究與肝病醫療，無人不曉他的成就。

住院醫生時代，我們一堆未來的消化內科醫師跟在許金川教授的身邊學超音波，他就像身懷絕技的大俠，我們還在看滿天星斗時，他的火眼金睛早就瞄準一公分左右的肝癌。更厲害的是，他研發酒精注射治療法，能讓癌細胞「醉死」：利用超音波的導引，經由細長的針穿刺癌細胞，直接將純度九十五％以上的無水酒精注射到腫瘤裡，肝癌細胞會缺氧、壞死。他開創了肝癌局部治療方法，是世界知名的小型肝癌大師，可以說一人一宗門。

我們這些學生暱稱許金川教授「許P」，他極端尊師重道，言必稱宋P——台灣肝病之父宋瑞樓教授，而面對我們這些對他佩服得快要五體投地的學生老是吵著要叫他「肝帝」，他卻笑說只承認自己是皇（黃）帝。眾所周知，除了在研究與教學方面如神，許金川教授幽默功力更勝千萬人，他的「許語錄」充滿了智慧及歡樂，讓學生樂此不疲，每每反覆品味，甚至互相交流彼此的「私藏」，不知晚之將至。

許金川教授為人慷慨大度，面對後進，總是無私地傾囊相授。就拿我的例子來說吧，受許P關照時，我明明已經決定未來要往胃腸方面精進，但是我做研究的方法都是在他研究室學的，甚至還寄生在台大臨床醫學研究大樓的三樓實驗室，初期一些胃癌的基因變化論文，也都是在他的實驗室完成。

由於當時他的辦公室和我一樣都在地下室，那時候我最喜歡和王錦堂教授一塊溜到他那裡串門子，而我每年最快樂也最辛苦的時光，也是和他作伴度過——一起遠渡重洋，參加美國癌症研究年會，連開好幾天的會。

他的毅力與耐力十分驚人，堅持信念、貫徹獨行的精神更是令人景仰。早在三十年前，許P就成立肝病防治學術基金會，以根除國病為己任，他十分認同老師宋P的話：「醫生是為病人存在，為解決病人問題而活。」為了研究、教學、服務，他每日早出晚歸，有一次忘了帶鑰匙還鬧出個笑話：因為他太過忙碌，每次出門、回家都是默默而去，踽踽而來，沒什麼機會跟管理員交流，新來的管理員一時竟認不得他，不敢開門放他上樓，只好半夜通報師母說：「下面有一陌生人要求開門！」

這樣一位公而忘私的「台灣阿甘」，感動了許許多多的人和團體，牽起眾人的手與心，一起為拯救「肝苦人」努力付出，從治療走入預防，不僅整合資源、連結各方，還做到資源互通、資源互換、資源共生，開創了醫療志業新模式，真正做到「上醫醫國，中醫醫人，下醫醫病」以及「上醫醫未病，中醫醫欲病，下醫醫已病」的境界。

我從許P身上不只學到超音波、分子生物學、預防醫學，更體會到他「但行好事，莫問前程」的阿甘精神。他是我心目中一代宗師的典範，實實在在達成「見自己，見天地，見眾生」的大師境界。

二〇二二年，我參加台灣肝病防治學術基金會二十八週年慶，看到慶祝會上冠蓋雲集，熱鬧無比，想著：這麼多有才之人，這麼多慷慨之士受許金川教授感召而來，我很有幸的也是其一。我能夠與這位大師相識、受惠於他，甚至一起共事，實為幸福。

雅者為王，良醫典範：郭耿南教授

郭耿南教授未回國前，他的大名早已是如雷貫耳，我是從他弟弟——OLYMPUS台灣總代理元佑實業董事長郭耿光先生處，不時聽聞他在美國醫學界的豐功偉

業。

二〇〇三年他回國服務後，我與他進一步認識，甚至共同在實證醫學研究而有機會更深地了解彼此。在我看來，他對醫界、社會及國家的功績，完全符合台大醫學系的教育目標「服務社會，領導醫界，貢獻人類」，是不折不扣的良醫典範，足為學弟妹們楷模及師法的對象。

我認為只有醫生及教師這兩個職業有穩定收入又有尊嚴，能夠被人尊稱為「先生」，而郭教授在這兩方面都十分稱職。他台大醫學系畢業後隻身赴美，於完成骨科專科訓練後，即投入當時尚稱荒漠的小兒骨科領域，成為先驅。精湛的醫術及嚴謹的學術研究能力，使他早早成為此領域的領頭羊，一九九六年即獲選為美國最好的二十名骨科醫師之一，且是當中唯一的小兒骨科醫師。

他樂於分享經驗及智慧給年輕醫師，也獲得二〇〇〇年美國羅許大學（Rush University）的最佳教師獎（Golden Apple Best Teacher Award）。作為教師，春風化雨的範圍不局限於美國，他的教學足跡遍布全球，其中當然包括了他的出生地台灣。他提攜了很多後輩，是眾多國家小兒骨科醫師共同的「先生」，因此於二〇一三到二〇一五年間獲選為國際小兒骨科醫學會聯合會的會長。

回台灣之後，他受宋瑞樓教授之託，擔任國家衛生研究院論壇副總召集人兼執行長，在一些重要的公共衛生及健康議題，如：菸害、檳榔防制及兒虐等，均有重大成果，並完成「二〇二〇健康國民白皮書」。他把醫學關心的範圍放大了，不僅醫治人生活上的病痛，也要醫治社會上的病態，在不少反對聲音下，他「自反而縮，雖千萬人吾往矣」（《孟子．公孫丑上》），於二〇一三到二〇一七年間，任衛福部專科醫師訓練計畫認定會（Residency Review Committee）主任委員，為台灣住院醫師的訓練及傳承立下可長、可久的制度。

郭教授在醫學科學上的訓練及創立台灣實證醫學會，在在顯示他是科學的信徒，相信科學可以改變世界，但是在脫掉白袍後，他也是一名素養深厚的音樂家，曾榮獲一九六五年台灣省豎笛獨奏首獎，若不從醫，他可能會是個成功的音樂家吧。我想，這位「被醫學耽誤的藝術家」應該是服膺「藝術美化世界」。

熱愛歌劇的他也有非常幸福、美滿的家庭生活，以身示範如何在繁忙的工作量下，兼顧生活與家庭。我個人認為，將來的專業發展一定傾向能兼顧科學與藝術的「雅者為王」發展，而他就充分詮釋了「雅者為王」的深義，樂在工作也享受生活。郭教授其人就是醫學人文教育最好的素材，其一生的奮鬥及對社會國家的奉獻，即使是非醫界人士也能理解他的可貴之處。

第十一章

長存不滅

台大醫學系和台大醫院自日據時代迄今，百年來的歷史培養了眾多醫生及醫事人材。這些優秀的良醫、仁醫成就了台大醫院在台灣民眾心中及台灣醫療史上不可磨滅的地位，他們的風範及事蹟值得後輩緬懷、學習。以下僅以我樸拙的筆，記錄這些已遠去的大師、值得尊敬的友人，他們的人生雖已謝幕，但留下足以傳世的行誼，給我們的啟發已超越時間限制，成了永恆的珍寶。

但開風氣不為師：賴明陽教授

二〇一五年八月五日，賴明陽教授逝世，醫界無不痛心，傷感不已。他是宋瑞樓教授的學生，台灣治療C型肝炎的先驅，也是台大肝炎防治研究團隊的成員，長年與陳定信教授、許金川教授等人合作，鑽研肝病治療。此外，他擔任過台大胃腸科主任，也繼陳定信教授之後出任了台灣消化系學會理事長。

他也擔任過台大臨床醫學研究所的所長，我博士班能三年畢業，除了林肇堂及陳建仁兩位教授的全力教導，賴明陽教授的不時鼓勵也是背後最大的助力。

「尋根究柢」的看病研究態度，光明磊落胸懷坦蕩的君子風度，及謙虛謹慎功成不居的言傳身教令人神往，凡是認識賴明陽教授的人，至今肯定仍對他的風骨歷歷在目。我雖未直接投入其門下，但我能在內科嶄露頭角，於胃腸領域有些許成就，他的知人之明及不遺餘力的提攜之功，絕對不可磨滅。

我還是學生時，賴教授已是才氣過人的肝臟學名師，且是胃腸科的中流砥柱。他外表文質彬彬、溫文爾雅，但在查病房教學時，特別是有關病人的處理及狀況掌握，卻是一絲不苟、異常嚴厲，在要求住院醫師時也常是單刀直入、咄咄逼人的詰問，此舉總讓慢條斯理的住院醫師手足無措、心慌意亂，因此每次他要到台大醫院的四西病房教學，總見住院醫師們緊張不已，如臨深淵、如履薄冰地嚴陣以待。每次查房結束，賴教授離去時，都可見到住院醫師如釋重負的舒好大一口氣。

他不喜歡住院醫師不痛不癢、馬馬虎虎及強不知以為知的應付，總是要求他們必須引經據典，而且還要劍及履及、事必躬親，甚至在病患剛做完肝臟穿刺的隔天，即到病房詢問住院醫師，有沒有到病理科看切片結果。而在這前輩與後輩一來一往的深入討論及疲勞轟炸中，住院醫師得以振聾發聵，在壓力下達到脫胎換骨之效。

賴教授視病猶親，且是精益求精的專業主義至上，在方方面面都絲毫不放鬆，作為學生的我對此有深刻體會。病房實習醫師之間流傳過一件奇事：有一次半夜時分，值班室的電話響了，想不到接電話的竟是賴教授，嚇得來電的人幾乎語無倫次。原來，他為了照顧早上做完肝臟切片有點出血的患者，睡在了值班室裡！

在進入台大內科之前，我已經先於馬偕醫院做了一年內科住院醫師，回台大重做R1的第一個月就是從胃腸科開始。相對於其他R1的生澀及習焉不察，重做馮婦的我自然顯得有備而來，面對賴教授的問題，雖不到對答如流的程度，但至少能處變不驚且信而有徵地回答，他因此對我青眼有加，並予以稱譽，此舉讓我受寵若驚。

我這一路上受賴教授關照之深，現在回想起來，只有無限感激。在擔任主治醫師時，我能進入台灣消化系醫學會，在陳定信教授理事長任內擔任副秘書長，及之後獲得宋瑞樓教授論文獎，也是有賴於他的大力推薦。他無私的舉薦讓我得以有他人難以獲得的增長見識經驗，還有研究的機會。

在台大擔任內科住院醫師，到R2下半年時，有天，賴教授問我對胃腸科有沒有興趣。我直覺以為他要我投入其門下從事肝臟學研究，對於這夢寐以求的機會，當下不假思索即答應，然而出人意表的是，他是要我專心在胃腸領域發展。與他一番深談後，我毅然決然接受他的建議到胃腸科，希望能在胃腸疾病的研究獨當一面，他也立刻幫我引薦那時剛從美國國家衛生研究院（National Institutes of Health，NIH）進修回國的林肇堂教授，從此開啟我胃腸次專科的訓練及往後的學術之路。

賴明陽教授認為，好的醫師及研究要能成功，不可或缺的配備就是「追求知識的好奇心」，他也是最以身作則的典範，不只在醫療之路上一馬當先地往前行，尋找最新、最佳的方法，而且他對有同樣熱情的後輩更是照顧有加，儘管我與他在同一科但不在其門下，他仍然十分關心我的職涯發展，從總醫師到主治醫師的歷程中，他不時會垂詢我的學習及研究近況，關心之情溢於言表！此外，他也不吝分享自己的研究心得，並且在我有好的表現時當面給予鼓勵。

他對我的另一深遠影響是重視臨床研究。當時，他正在做舉世矚目的C型肝炎治療試驗，後來也和台大團隊一起，達成了最早證實以干擾素加上雷巴威林（Ribavirin）的方式對肝炎治療有效的研究成果。他的努力讓台大登上世界舞台，也讓C型肝炎的治療有了標準準則。他這一篇發表於《胃腸學》的文章，讓我見識到嚴謹的臨床研究不僅可獲得重要的學術成果，更要緊的是真的改善了一大群病人的治療及預後，賴教授為此欣喜，他示範了什麼才是當醫師科學家的最大樂趣，而這也成為往後我效法的典範，成為我研究生涯最大的動力。

賴教授公忙之餘喜歡爬山。兩人還是同事時我沒和他爬過山，但後來我自己也追著他的腳步愛上了這項運動，當然，我大部分時間都是爬郊山而已，功力和腳程實在無法和對爬山也精益求精的他相比。

諺語有言：「桃李不言，下自成蹊。」我心目中的賴教授是德才兼備且言必信、行必果，典型的君子形象，他對我的提拔及言行身教的春風化雨，雖無直接的師生名分，卻有師生之實，他是我不折不扣的言師、經師與恩師。

典型在夙昔，一生為台大：王德宏教授

高風亮節的王德宏教授是台灣內視鏡之父，他在提升台灣內視鏡的水準，且在建立相關制度上貢獻甚巨。

學生時代我就知道王教授的大名，因為我太太的姨丈十二指腸潰瘍，就是在王教授不需麻醉的無痛胃鏡下現形。這位姨丈一直對我說王教授多麼厲害、如何神奇，給他診療，無論做多少次胃鏡他都不怕。雖然多年以後，他的潰瘍是在我門診用幽門桿菌治療才終告痊癒，但王教授帶給他的經驗非凡，給了他十足對抗病魔、堅持治療的信心。

我當內科住院醫師時，在賴明陽教授的引介下投入王教授大弟子林肇堂教授

門下學習。那時候，王教授尚未退休，我因此得以近距離觀察及接觸他。他並沒有直接教我如何做內視鏡，反而指導我上消化道攝影。王教授是一位「望之儼然，即之也溫」的大教授，私底下性格溫厚，在專業上嚴謹、追求完美，後輩們無不見之生畏。當時由於我在病理科，為了迎戰每週一次的看片及病理討論，便自告奮勇負責一整年個案的準備，藉以躲過被他「電」的煩惱。

王教授在專業上的能力是神乎其技，竟能憑攝影即診斷出早期胃癌，他可能也是台灣診斷早期胃癌的第一人。有一次，他拿給我一百零六例的病例，和發表於《消化系醫學會雜誌》的論文，並附送很多胃照相機的影像，說這是他升教授的傑作，後來，我和林肇堂教授承繼他無私給予的研究寶藏，又蒐集了一百零二例，總計共兩百零八例，並發表研究成果，成為台灣早期胃癌的重要文獻。

升任主治醫師後，我沒有辦公室及實驗室，那時候王教授的辦公室在台大醫院西址地下一樓，便在他那「寄居」。那兒的空間意外的好，比教授辦公室還大，工作起來十分舒適，我也因此有機會和王錦堂、許金川教授交流，也才知道當時宋教授叫王教授負責進行輸血後肝炎的計畫。後來林教授出國，這個計畫改由王錦堂負責，本來以為只是做苦工、收收檢體，想不到實驗結果因為C型肝炎（HCV）的問世而一飛沖天。

王教授曾跟我說，只要是老師（宋教授）交代的事，不管有沒有希望，他都全力以赴，使命必達，而他也以同樣的精神與態度對待學生，只要學生有需要，他一定在第一時刻站出來相挺。

重視師承的王教授，也非常重視歷史及傳承，我當內科主任時，他常對我耳提面命，叫我要整理內科及台大醫院歷史，我也從他這位活歷史口中，聽聞不少台大過往的事，當中最讓我震撼的，是當年原本上頭屬意王教授當台大醫院院長，沒想到他竟然拒絕，並且推薦林國信教授，原因是王教授不忮不求，衷心對台大好，認為比起自己，有更適宜帶領大家的人選。

王德宏教授最輝煌的時光都在台大，多方為這所龐大的醫療機構設想，堪稱一生為台大。胸襟如海般廣闊的他，永遠是我心目中的消化醫界巨人。

醫師科學家典範：陳定信教授

說到陳定信教授，有一件事很可以活靈活現地讓大家知道他這個人的形象：有次去宋瑞樓教授基金會開會時，廖運範教授要我們猜猜陳定信教授在他們同事之間的稱號，當時在座的大夥一片默然，而答案出乎意料：竟然是布魯托（Bluto），卡通《大力水手》中的肌肉男角色。他就是這麼一個強大的人。

一九九三年，我有幸進入當時炙手可熱的台大消化內科，接受兩年的次專科訓練。當時被學生暱稱為「肝帝」的陳教授，已是一位滿腹經綸且博學強記的大師級學者。他總是在科內討論會提出最關鍵的問題，且不容我們支吾其詞，一知半解。剛開始，學生莫不左支右絀，但在他的執著與鍥而不捨的詰問、不斷的醍醐灌頂下，我們逐漸從初窺堂奧到登堂入室，愈來愈得以領略醫學科學背後的真知灼見。更重要的是，我們完全不怕與他辯論，也無人會視參加科會為畏途，因為知道陳教授是對事不對人，一切都是為了再更深刻地鑽研知識，都是為了讓我們成長，因此反而快樂地充分享受被「電」的感覺，在他嚴厲的指導下成長茁壯。

陳教授極為重視醫學教育，且一以貫之，希望台大醫學系的畢業生除了是良醫外，也要成為領導醫界的醫師科學家。他出任台大醫學院院長後，大力支持我們一般醫學科從事的二階段學程和醫學教育改革，而且為了提升大家的英文能力並與國際接軌，在消化內科的科會中，他首創以英文報告的規定，此做法持續至今，形成一個很好的平台，年輕醫師即使沒有出國也能藉此磨練自己的專業英文能力、報告台風。

一九九五年，我完成訓練，升任主治醫師，陳教授當時榮任消化系醫學會理事長，破格提拔我為副秘書長，讓我有磨練的機會，也因此更能從近距離觀察、學習他的做人、做事方法。他雖然貴為學界領導，還是兢兢業業，凡事以學術為優先，絲毫沒有官大學問大的架子。他常告誡我們年輕人不要畫地自限，要有挑戰現有知識的勇氣，而大學教授不能只照本宣科，必須要有創新研究的能力。

在陳教授當理事長任內，曾經發生世界胃腸醫學會想要排除台灣納入中國，並要求我們改名的事件，最後台灣能有驚無險保存會籍，除了眾多消化醫學界前輩的努力，理事長本身是世界知名學者，以雄厚學術實力作後盾，也是重要原因。

范仲淹曾在致意嚴子陵的一篇文章中寫道：「雲山蒼蒼、江水泱泱；先生之風，山高水長。」我所認識仰望的陳定信教授，就是這樣一位具有學術良知、良醫情懷的醫界知識分子，也是令人萬分信賴的中流砥柱。他著作等身、才高八斗，毛筆字寫得極好，一九九九年台大醫學院成立一般醫學科時，我獲得該科教職，他就用毛筆字寫了封信函鼓勵我，真是令我如獲至寶、感動不已。

陳教授是春風化雨的學界碩學鴻儒，也是國家學界的棟梁，知識分子及醫師科學家典範，大師中的大師。他責己重以周，常說醫師看病一次只能治好一位患者，但是若研究新診斷、新治療的科學方法，則可救活一大群病人。他證明了醫學的科學和藝術並行不悖，是不折不扣的醫師科學家典範。他是台大的教授，也是台灣及世界的教授。

台灣疫苗之父：李慶雲教授

李慶雲教授是台大醫學院小兒科的名譽教授，是台灣自行研發疫苗的第一人，他這一生幾乎等同於台灣的疫苗發展史，不但開發出「李氏麻疹疫苗」和「李氏日本腦炎疫苗」，也是B型肝炎疫苗研發與推動的重要推手。此外，他也協助衛生署制定小兒傳染病政策、擔任衛生署預防接種委員會召集委員，在國內疫苗政策與疫苗傷害賠償辦法制定的參與者之中，也有他專業的身影。

我還是實習醫學生的時候，李教授是台大醫院的小兒科主任。當時寶山醫院的主任就像武俠小說的一代宗師，內功之深厚、武功之高強，令人望之嘆服，但李教授卻沒有因為地位崇高而居高冷傲，反而極具親和力，絲毫沒有把自己的身分與成就放在心上。他是個極端有效率的人，講話語速甚快，但每回學生請教他，不管是再怎樣雞毛蒜皮的小問題，他總是耐心回答、細心講解。我從他身上學到，真正厲害的人不會把優越感寫在臉上，而會將謙卑放在心中。正如倉央嘉措所說的：「對人恭敬，其實是莊嚴自己。」

李教授在台大醫院服務了四十六年，據說他過去也曾在三重開業，被尊為活菩薩及小孩救星。他雖在疫苗研發領域海內馳名，但最讓我佩服的，是他可以用理學檢查就診斷出傷寒——光用手去摸，就知道病人的脾臟腫大。而且雷氏症候群、川崎氏症在台灣的第一個病例，都是靠李教授細心、全面的理學檢查才得以發現。和他一樣有「神之手」的小兒感染科醫師，還有黃富源教授，他們常能精準診斷一些疑難雜症，讓後輩欽佩不已。我想，如此高超的「手感」，肯定是長時間不間斷的精益求精，從每一個細微處累積而來的，像李慶雲教授他們這年代的老師，腦中多巴胺釋放的機制和我們不同，倚靠的是犧牲、投入、奉獻和膽識，有他們走在前面，承先啟後的我們雖然自嘆弗如，感慨高唱「Those good old days have gone」，但也因此不斷砥礪自己，以他們為目標向前衝刺。

李教授桃李滿天下，台灣兒童感染症的專家很多都出自他門下。他自台大退休後並沒有就此不問世事，坐看雲起雲散，而是忙碌於在各醫院客座教學，還成立了「李慶雲兒童感染暨疫苗發展醫學文教基金會」，真正以台灣兒童的預防感染教育和疫苗研究與教學為終身志業。

二〇二一年六月十一日，疫情期間，正當各界熱烈討論新冠肺炎的疫苗，有「台灣疫苗之父」之稱的李慶雲教授，以九十四歲高齡過世了。想到李教授半生為台大奉獻，而他這一輩子的時間，幾乎都獻給了台灣的兒童，他的生命竟在這麼一個最能彰顯出他重要性的時期走到終點，令人悵然不已。

復健醫學的一代宗師：連倚南教授

台大醫院以世界一流大學醫院為目標，除了提供當下最適切的醫療服務給國民外，更強調以優質的教學及頂尖的研究來培養未來的醫學人才及開發創新醫療。服務、教學、研究相輔相成，有了良好的教學和創新的研究自然精氣充足，而當然，服務使我們神采飛揚，「服教研」實為我們的精氣神。

雖然有人認為要把服教研三合一同時做好是不可能的任務，甚至有人戲稱台大醫院專門養一群游不快、跑得慢、飛不高的鴨子，但回顧醫院發展的歷史，會發現台大醫院有不少的傳奇人物不但把三項工作做好、做滿，還能成為一代宗師。「台灣復健醫學之父」連倚南教授，即是如此。

想必有人會想：「要做到服、教、研三方面都頂尖，肯定很需要刻意努力吧？」但對真正以醫療為志業的醫者而言，一切往往是自然而然、水到渠成，連倚南教授在獲得厚生基金會的醫療奉獻獎時，是這麼表示的：「其實，剛開始，我的夢沒有那麼大，只想把工作做好。」

一九六六年，連教授完成總住院醫師訓練，到台大復健部服務。今天復健已是一個興盛的專科，但當年這個領域卻是亟待拓荒、人才緊缺，台大復健部創立之時，更只有一名主治醫師。連教授是在老師的推薦下投入復健科，其實也會害怕，對前途感到不安，但他既來之則安之，扎扎實實一步一腳印的前行，一路過關斬將。他除了勤懇地精進專業技術與知識，更花費大量的時間、精力，培訓復健醫療所需的專業人才，不辭辛勞地到台灣各大學教學，如今全台的復健科醫師，幾乎都是連教授的學生。台灣的復健醫學今日能有如此多的人才，有如此緊密的連結網絡，連教授功不可沒。

「種花容易樹人難」，連教授用五十年以上的時間，以復健醫學園丁及伯樂自詡，發揮春蠶絲盡的精神，諄諄教誨且無私奉獻，培養無數的人才遍布海內外，台大復健部更因他成為了關鍵的「少林寺」。

要練就一身好功夫就要花時間，連教授身為復健醫學的開山祖師，正是用他一輩子的時間點滴進取，達成電影《一代宗師》裡提到的三境界：見自己，見天地，見眾生。

人榮耀位子：戴東原教授

我接任台大醫院院長一職時，同仁告訴我，當院長最大的福利，是卸任後可以由畫師畫一張油畫，擺在第一會議室。聽到這件事，我便找了個空檔，特地繞去第一會議室，一看，果然歷任院長的畫像都掛在那展示，每張都維妙維肖、極具風範。

台大醫院院長這個位子雖然重要，但它並非一人能成就的，而是每一張畫像上的歷任院長一棒接一棒的接力，才造就醫院的百年風華。

戴東原教授是在一九九二到一九九八年間任台大醫院院長，任內建樹很多，公而忘私的他讓我深感是人來榮耀位子，而非位子榮耀人。他對台大醫院影響深遠，尤其是他在任內建立的績效獎金和作業基金制度，堪稱奠定台大醫院下一個百年的重要功績。當時作為台灣醫界龍頭的國家醫院，不僅待遇比上不足——不如私人醫院如長庚、國泰；也比下無餘——跟公家體系的三軍總醫院、榮民總醫院差了一截。當年台大醫院不只是面臨財務赤字，更面臨人才流失的困境，戴院長積極任事，為此四處奔走，發揮好大的功力說服教育部和有關部門，大力爭取教學與研究的經費，最後獲得每年九億六千萬的基金預算，這才讓在台大醫院服務的同仁能真正安身立命，不用為五斗米折腰。到了一九九八年戴教授卸任院長時，台大醫院基金的盈餘，已經足足有四十多億，難以想像他上任時面臨的是虧損二十億的艱巨情況。台大醫院能有今天的發展，戴東原教授是不可或缺的關鍵人物。

能完成許多別人眼中不可能任務的戴教授，最為人知的是他在糖尿病醫學領域的耕耘，不僅有先見之明地，早早在糖尿病尚未獲得學界關注時就投入研究，更致力於相關的教學、教育，並於一九九七年推動成立糖尿病關懷基金會。

不只專業能力令人欽佩，是服務、教學、研究的三冠王，戴教授為人處世也有許多足為後人取法之處，其中他「第四冠」的能力——行政領導管理，當中的軟說硬做我認為最是關鍵。他說話如水，很少疾言厲色，讓人如春風化雨，總是不知不覺被說服；他做事如山，設立目標後即堅持到底，不完成不罷休。正是這樣的他，深受各方信賴，除了台大醫院院長，他還做過成大醫院創院院長，二〇〇五年宣告退休後，更接下仁濟醫院院長，每天風雨無阻到醫院去給病人看診。

戴教授是在日式教育下長大的，一路走來是夙夜匪懈，其精神與毅力令人自嘆弗如，對於細節的觀照更是入微如神。我的老師林肇堂教授就親身體驗過戴院長的風範，當年他下班後繼續在忠孝東路巷子內開業，剛好診所所在位置離戴院長家很近，有一天，他被戴院長叫住：「老林，昨天你家的燈亮整夜！」叮嚀他記得離開診所前要關燈，真是什麼都逃不過他的火眼金睛。

我接任台大醫院院長後，即以戴東原教授其人與事蹟自勉，希望在服教研外，建立第四個傳統——行政治理。今日的台大醫院能夠永續經營，繼續守護國人健康，成為醫界典範，能夠有今日順暢有效率的行政體系，戴教授這位在專業與行政皆建樹良多的前輩，實在是關鍵。

真漢子：陸坤泰教授

在胸腔醫學、結核病和臨床微生物學這三領域，陸坤泰教授塑造了所謂的大師風範。他有博大精深的藝術造詣和淵博的知識，為人之道是虛懷若谷，對後輩更是包容，總是無私地教誨與提攜。他不僅是台大醫學院的教授，也是台灣的教授，和前面寫到的連倚南教授一樣，都用畢生的精力詮釋《一代宗師》的「見自己，見天地，見眾生」的不凡境界。

陸教授幾乎把他的一生都奉獻給台大胸腔科和感染科，而在台灣肺結核的防治上，他更是功不可沒，有著極大的貢獻。他是台灣《結核病診治指引》的撰寫人之一，外界習慣他專業至上、不苟言笑的形象，但實際上他是個俠士般，十分愛照顧人的前輩，有許多後輩都是受他啟發、提攜，看著他巨人般的背影一路努力至今。

我第一年當住院醫師時，正逢陸教授的第一位博士生楊泮池教授畢業，他宴請所有的內科住院醫師，我因此有機會近距離親炙平時嚴肅的大師另一面風采。

陸教授在胸部X光和結核病的學問之高，「技近乎道」外，也熱愛品味生活。運動、音樂、美酒，他都喜歡，記得那時在餐廳喝完事先準備好的酒，意猶未盡，他還請時為總醫師的余忠仁教授再回家拿酒來，飯後更帶大家到自己家續攤，以音樂為茶，並急call同窗謝炎堯教授同來一起開講，其樂融融，也是我住院醫師生涯難以忘懷的樂事！他的好酒量、好性情，吾雖不能至，但心嚮往之。

陸教授和師母鶼鰈情深，家庭生活美滿，是能兼顧工作和家庭的榜樣。所謂「大氣大勢大手筆，大仁大義大風範」，陸教授和他那一代的台大老師，打下了台灣醫療的重要基礎，為後生晚輩奠基難以衡量的寶貴經驗，更讓台灣的醫療技術得以揚名海外。

陸教授以有限的生命成就了台大醫院永續傳承的無限基業，成就了台灣醫療的基石，是台大之所以成為國家健康守護及醫界典範的最佳推手，而台灣有他，曾得力於他的專業力量，實是幸運之至。

君子不器：徐茂銘教授

徐茂銘教授是耳鼻喉科的一代宗師，他一九六〇年畢業於台灣大學醫學院，後赴日攻讀博士，在一九九一年拿到日本東京醫科大學醫學博士學位。回台後，他將一生奉獻給醫療，桃李滿天下，自律甚嚴，充滿正能量，總是能夠在關鍵時刻激勵團隊、給予正能量，是令人敬佩的醫療典範。

新冠肺炎疫情期間，我協助台大出版《跨國界白袍紀事：半世紀臺大醫院國際醫療史》過程中，才知道徐教授和莊哲彥、黃國恩組成的三劍客是第一代援助利比亞的台大醫師。他在利比亞服務四年，期間妻子生了兩位千金，便分別以「亞」和「莉」命名，以紀念在利比亞歲月，和莊哲彥醫師的兒子叫莊「非洲」，有異曲同工之妙。

台大耳鼻喉科自杜詩綿教授起，就對頭頸部腫瘤和人類疱疹病毒第四型（Epstein-Barr Virus，EBV）的研究著墨甚多，徐教授在此領域承先啟後，是讓台大和台灣發光發熱的關鍵人物。他不自我設限，一九七二年到美國師承麥凱布（McCabe）教授學習耳鼻喉顎面外科，更至不同醫院熟悉唾液腺和顏面神經手術，開創頭頸部外科新境界，還與牙科、腫瘤科、復健科、病理科等多科醫師組成團隊，真正做到以病人為中心，提升服務品質及醫療效果，是仁心仁術的具體呈現！

在醫療外，徐教授還負責中華民國醫師公會全國聯合會下的《台灣醫界》主編，在六十五歲時退而不休，將《台灣醫界》雜誌經營得有聲有色，獲頒全聯會首次的「特別貢獻獎」。到他逝世為止，整整二十一年，雜誌上的每一篇文章都經過他的耐心閱讀、細心校對，使之成為串聯全國醫師的重要刊物，而且更因為內容豐富精彩，吸引了廣告商刊登廣告。

徐教授不只在專業技術與知識上令人折服，他還是智仁勇兼具的大丈夫，熱中腦力運動的同時，在體能訓練上也不遑多讓，是早期台大醫學院橄欖球（Rugby，英式橄欖球）隊的重要成員。因為家人擔任教練的關係，他橄欖球的啟蒙很早，一九五三年就讀台灣大學醫預科時，就時常到台大總校區打球，是當時橄欖球隊「水牛隊」的成員之一。

我想很少人能想像得到，徐茂銘教授這麼一位謙謙君子，竟如此「硬骨頭」，有這麼一段在橄欖球場上抱球衝撞、與對手硬碰硬，真槍實彈肉搏競賽的青春歲月。但其實，台大醫院有不少知名的醫師，在校期間都打過橄欖球，都和徐教授一樣是硬骨頭的青年，在繁重的課業與實習之時，還撐著過每天早上天亮時分集合，鐵血訓練的日子。更有不少校友在畢業後依然維持著運動情誼，肉體雖隨著時間過去而老，他們的心卻始終是場上馳騁的青年。

我想，台大醫院之所以能成為醫界龍頭，都是因為有像徐教授這樣「不自我設限，人生才能無限」的人物。他們肉體與精神的韌性都令人懾服，且不以當醫師為唯一考量，勇於超越自己所在的領域，更加挑戰、磨練自己，就算當上了台大教授也不以此滿足，而是眼光更長、更遠，要做台灣，甚至世界的教授，帶領台灣看見世界，也讓世界看見台灣。

腦神經影像學先驅：黃國茂教授

我學生時代黃國茂教授已經是台大醫院的放射科主任（一九八四－一九九〇）了，記得他是一九七二年自台大醫學院畢業後就在台大醫院放射線科服務，印象中他待人和氣，外貌形象很像彌勒佛，總是看起來滿面春風，絲毫沒有架子。

一九七六年，他從美國進修回來，引進台大醫院第一部電腦斷層掃描儀器（Computed Tomography，CT），並且是腦神經影像學的先驅，特別是在未有磁振造影（Magnetic Resonance Imaging，MRI）之前，他那以腦血管攝影判斷腦部病灶的絕活，實在讓人拜服不已，更是後生晚輩們津津樂道的傳奇事蹟。

台大醫院的第一台磁振造影機也有賴他，是在一九八四至一九九〇年他擔任台大醫院職科主任期間設置的。這兩項重要的醫療儀器，都是黃教授在任內引進，可見他不但時時掌握醫療領域的技術更新，更有足夠寬廣、長遠的眼界，看到未來醫療的發展趨勢。而他這樣的不斷往前邁進，為的不是名利，是為了往後的病人、後來的醫生，為了一個醫療資源更充裕、技術更純熟的未來。

萬世師表孔子曾說：「古之學者為己，今之學者為人。」以前的學者是為增進自己智慧、德行而學習，今之學者則為揚名於世、顯耀於人而學習。這並不是非今是古，而是強調學者應該先做到為己，才可能真正達到為人，循序漸進的道理。這個道理對醫師的養成特別重要。試問醫師如果以名利為先，如何救死扶傷？教師如果以名利為先，如何傳道授業解惑？己立立人，己達達人，君子不能獨善其身，但必須先修身，之後才能「齊家、治國、平天下」，黃教授代表著台大醫院那個年代的典範，既是經師，也為人師。

我們傳承黃教授這輩老師們的衣缽，必須謹記著，要像他們一樣不斷創新，才能將他們的精神發揚光大，才無負老師們無價的言教、身教。

黃教授意志力強，體力極佳，雖然有氣喘但熱愛爬山的他，過世前攀登過七十五座百岳，是個活躍的山友。不知怎麼著，也許是因為精神與志氣相通，我不捨得說他已遠行，而喜歡想像他只是又一次出遠門爬山，正要挑戰另一座沒爬過的百岳呢。

國士無雙：一代醫人杜聰明

我當台大醫學系系主任時，面試的必考題是：「你為何要學醫？」很多應考學生的答案都是要效法史懷哲，其中有少數人知道蘭大衛、馬偕，但是從沒有學生回答是受台灣醫生的啟發，如杜聰明、宋瑞樓。大家似乎寧願去關心遠在天邊的外國醫生，卻不想了解台灣歷史上出過多少傑出醫界人物。這情況讓我想起前面章節寫到過的薄柔纜醫師曾說過，台灣的醫生好像覺得花蓮很遠，而美國比較近，所有人都跑去美國，沒人要來花蓮。

其實台灣醫生的故事，他們生命的故事與波濤洶湧的內心世界精彩無比、令人動容，且各個都是「上醫醫國」的事蹟，可歌可泣，可惜青年學子熟悉的往往是國外的例子。

我這本書出版的二〇二五年，是杜聰明醫師一百三十二歲冥誕。他是台灣醫界一代人物，出生在台北三芝地區，家裡世代務農的他，受的是日本教育，不但在淡水公學校第一名畢業，考上台灣總督府醫學校榜首，更是第一位拿到京都大學醫學博士學位的台灣醫生。

杜聰明醫師是奠定台大藥理躍上世界一流的堅實研究基礎的第一人，他畢生從事研究和教育，深信可以用最少的代價換取最多人的幸福。自京都大學畢業後，他沒有選擇繼續留在日本，而是回到台灣來投入本土研究，不但提出以「漸進斷療法」取代當時治療鴉片上癮的「禁斷療法」，有效影響、改善並幫助上癮者的方法，當時位於台北大稻埕地區的「臺灣總督府臺北更生院」，就是他投入鴉片毒癮研究的主要研究機構。

杜醫師是不折不扣的一代醫人，台灣醫界的傳奇人物，在他所在的動盪時代之中，勇敢面臨多重險阻，二二八事件時他還曾被通緝，卻始終堅持下來，培育了超過四十位藥理學博士、當過台大醫學院院長，更創辦高雄醫學院。他有一句名言：「樂學至上，研究第一。」這是很多人琅琅上口的座右銘，由來是他當年在高雄醫學大學成立四十三週年紀念會致詞時說的話，如今是高醫的校訓。可惜因他活躍年代較早，年輕一輩對他不甚熟悉。

這位對台灣貢獻良多的偉大醫生，其影響力迄今不墜。以他為名的杜聰明基金會，以「獎勵藥理研究，培育與獎助優秀人才，並增進科學、文化之發展為宗旨」，每年都資助、獎勵許多醫療領域的優秀人才、表揚良好的著作，更出版以杜醫師一生為主題的漫畫，並以歌舞劇的方式呈現他不凡的一生。

希望能有更多的人認識杜聰明醫師這位台灣本土的偉大人物。他的成功沒有奇蹟，只有努力的軌跡；沒有運氣，只有堅持的勇氣。我每每看他經歷過的事、讀他說過的話，都受到相當的鼓舞，畢竟，就連他這樣厲害的偉人一生都如此艱辛，我們一個平凡人吃點苦又算得了什麼呢？

文曲光沉：莊懷祜同學

已故的中研院分生所副研究員莊懷祜，是我高中及大學同學。我倆都是醫師，也是凡人，在他面對致命的惡性腦癌時，我曾不切實際的希望懷祜的病可奇蹟式的痊癒，可惜在奮戰四年半後，他仍不敵病魔。生命走到盡頭前的最後一段時光，懷祜仍然堅持所愛的科學研究，繼續在中研院分生所指導學生做感覺神經元的電生理研究，可惜天不假年。

時間回到一九七九年，這一年嘉義高中有三個班是丙組（醫科），而他、我和目前在美國的葉文琛，分別是三頭領頭羊。懷祜那時就展現了過人的數理天才，獲得全國數學競試第一名，驚動台大楊維哲教授，竟勞駕他親自到嘉義遊說他去念數學系，不過面對教授熱情的勸說，懷祜後來順從父母的意見，還是選擇了台大醫學系。那一屆嘉中應屆考上台大醫科的學生有七位，在當時是盛事，高中的學生的家人串連起來共同宴請師友，每位上榜者皆喜上眉梢，唯有懷祜有一絲絲落寞的神情。

上大學後，他和數學競試第二名的建中陳旭初同學結為莫逆。好像來自外星球的兩人，真是讓我們都成了低等動物，記得有一次物理考試的全班成績悽慘得要開根號再乘以十，但他們兩位老兄的原始分數卻是一百分，很多當年重修物理的同學肯定對此事印象深刻。

懷祜思考速度極快，常常讓人跟不上，除了數理外，他也喜歡老莊哲學，只有在這一點我才能稍微和他頻道相通。

在我心目中，他是獨一無二、絕無僅有的高手，擁有科學的心智和藝術的心靈，是夢幻DNA組合。有不少人和我一樣期待他在科學界發光發熱，同屆自台大醫學院畢業的同學，更有不少人從以前就認為他是班上最有機會成為諾貝爾學者的。

他自台大醫學院畢業後，短暫做過婦產科住院醫師，隨後就出國攻讀博士，研究和辣覺有關的TRPV1（細胞膜陽離子通道蛋白）和TRPM8（冷覺受器）的調控，之後回到台灣在中央研究院分子生物研究所任職。

二〇二一年諾貝爾的生理醫學獎得主，是美國科學家朱里亞斯（David Julius）與帕塔普蒂安（Ardem Patapoutian），懷祜就曾在朱里亞斯的實驗室工作，受到朱里亞斯的信任，而朱里亞斯正是發現辣椒素受體（TRPV1）並開啟後續一系列感覺受體對應分子研究的先驅者。

有人說，生活就像是跟著老天對弈，對你而言，你走棋，那叫選擇；老天走棋，那叫挑戰。懷祜在自己的人生、自己的研究之路上已經做了他的選擇，面對老天給他的挑戰也從不畏懼，雖然同學好友們期待的諾貝爾獎他來不及達成，但他不需任何獎項背書，我相信，他自身即足夠偉大了。

潛心鑽研，直到足夠好為止

二〇二〇年，我獲頒科技部傑出特約研究員，有人告訴我得到這個獎象徵研究生涯的畢業典禮，但我卻不這麼認為。

就像學無止境，研究也是一條看不見終點的單行道。看著前輩們的身影，我總是覺得自己雖然已經走了這麼遠，但我的消化系醫學之路，才正要開始呢。

歷史上最資深的諾貝爾獲獎者，是二〇一九年的化學獎得主，「鋰電池之父」古德諾（John Goodenough），一九二二年出生的他，該年以九十七歲高齡獲獎，震驚世人。大眾都知道他獲榮耀，卻不知道這位「足夠好」（Goodenough）先生的前半生不太好，先是好不容易考入美國耶魯大學古典文學系，卻被發現有閱讀障礙症，被迫轉到數學系，後來好不容易畢業，卻又被二次世界大戰耽誤，去服了四年兵役。退伍後，他想轉研讀物理，卻被嫌年紀太大，最後費了九牛二虎之力，才在三十歲時拿到芝加哥大學物理學博士學位，終於有較穩定的生活。

未料，五十四歲時，古德諾的研究生涯產生巨大動盪，因為欠缺研究經費，他失業了，只好在眾人都覺得該開始規劃退休的半百之際接受新挑戰，遠渡重洋到英國牛津大學新成立的無機化學研究室，做他以前從沒想過的鋰電池研究。想不到，他在五十八歲的時候，發明了鈷酸鋰電池，改進過去鋰電池不穩定容易爆炸的毛病。這個發現讓 Sony 獲利超過三百五十億美元，但是他一毛也沒分到。對此，古德諾說：「反正我做這個的時候，也不知道它會這麼值錢，我只知道這就是我應該去做的事。」

因為牛津大學六十五歲必須退休的傳統，他在六十四歲又搬回美國，在德州大學奧斯汀分校繼續研究生涯，於七十五歲發現磷酸鋰電池，再度改變世界——

這是現代攜帶式電子裝置，如手機、平板及筆記型電腦的基礎。從此聲名大噪的他，並沒有停下腳步，九十歲時，他決定研究全固態電池，立志要讓電動汽車真正一枝獨秀。正是這樣的古德諾講出了這句名言：「我只有九十歲，有的是時間。」

二〇一七年，他九十五歲，有人問他：「沒有拿到諾貝爾獎會不會遺憾？」他淡淡地幽了一默地回：「無所謂，我已經足夠好（good enough）了。」

二〇一九年，他終於在九十七歲高齡獲頒諾貝爾獎，但獲獎後他的日程和獲獎前幾乎毫無變化，仍然每星期花五天在實驗室裡工作，在研究之路上賣力前行。

二〇二三年六月二十五日，這位永不休止的老爺子，以高齡一百歲的年紀逝世，而他直到去世前一個月都在研究第一線屹立不搖，以主要作者的身分發表期刊論文。

古德諾終生學習的態度和追求，不僅拓展了自己生命的長度和深度，也告訴我們：走得快，不如走得遠。人生沒有白走的路，每一步都算數。命運有時給你一個陡坡，讓你以為前路無望，殊不知咬牙撐下去，翻過去就是山頂了，端看你能不能堅持到最後。

我敬佩、緬懷的師與友，是我尊敬、追隨、追趕的目標。有他們在、有他們的督促，我的人生絕對不無聊，永遠充滿值得挑戰、努力邁進，永遠有要達成的事、要做到的承諾，永遠要潛心鑽研，直到足夠好為止。

我何其有幸——雖然執筆至今已寫過不少次這四個字，但我的確是極其幸運的，能夠知道、認識這些無私奉獻、勇敢創新、在專業領域兢兢業業、夙夜匪懈的非凡人物。即便他們當中有些人已遠走，其影響力仍在，啟發不斷。

且容我在此向他們致上無盡敬意。

第六部

百年一疫

臣觀成事，聞往古，天下之美同，臣主之權均之能美，未之有也。前事之不忘，後事之師。

——《戰國策》

第十二章

前事不忘，後事之師

作為醫師，「瘟疫」是一個離我們多麼遙遠的名詞啊，但要說幸也是不幸，千禧年過後，我們竟碰上了兩次全球性的流行疾病，一次是二〇〇三年的SARS，另一次大家一定還記憶猶新，是二〇二〇年的新冠肺炎——COVID-19。

COVID-19早在二〇一九年底即於中國武漢發生，全世界的流行則始於二〇二〇年初（庚子年）。像這樣幾乎影響全世界的病毒，在醫學發達的現代實屬難見，我醫師生涯不但經歷過二〇〇三年的SARS，COVID-19時更以醫院主管的身分「躬逢其盛」，日日置身風暴中心，感受特別深刻。

卡繆《鼠疫》一書描述，人們在瘟疫來襲過程中心態由僥倖轉為恐慌，又由恐慌轉為漸漸適應，已經慢慢由病死及嚇死二極中脫離。這本巨作中的鼠疫可看作一個象徵，代表的是任何一種大規模的禍害，受害者可以是地區、民族、一個國家的所有人，乃至全人類，可以是瘟疫、饑荒、戰爭、專制主義、恐怖主義……等等。

面對禍害，我們能做到的惟一選擇就是站在受害者的一方和瘟疫鬥爭。一邊是鼠疫，另一邊是受害者，截然分明，無人可旁觀或逃脫。醫師之所以奮不顧身救病人，和宗教信念、神聖使命或英雄壯舉都未必有關，惟一理由是我們無法容忍疾病和死亡。

儘管面對疫情做選擇並不簡單，但人性受到的考驗更為嚴苛。長達四年的疫情擾亂了社會各階層、各方面，面對暴量的新冠病人及既有的急重症患者，醫療系統如何兩面作戰，如何才能夠兼顧彈性與韌性，甚至如何將危機應對成轉機，在在考驗各醫院的領導人。此外，疫情更是一面照妖鏡，照出人民的無知、政客的自私及國際間的矛盾。

當疫情慢慢獲得控制，我們採取的一些非常措施影響了生活及經濟，人們又開始擔心飯碗不保的問題。如果我們不把禍害看作噩夢和例外，而是反映生活本質的一種經歷，了解面對禍害我們需要的是單純的責任感和真實的正義感，那麼即便疫情過去，我們也會因為體會到在人類歷史中，禍害始終以各種面貌存在著，而面對禍害時，為了不讓其蔓延，我們就必須改變生活方式。其實，真正可怕的不是瘟疫或各種禍害，而是遭遇這一切之後，我們的生活竟一切照舊。

醫者不只時時往前看，更要有不斷回首歷史，從中學習判斷未來的能力。《戰國策》有言：「前事不忘，後事之師。」這幾年累積的難能可貴經驗與教訓，會是未來我們應變的智慧。

庚子年對許多醫護人員來說，是艱難、辛苦、難忘的一年，我們戴口罩、護目鏡，穿著防護服時刻提心吊膽，日夜操煩就怕不能守住第一線。

庚子年是特別的一年。回顧那年寫的數篇短文，許多事如今仍歷歷在目，而所有當時的記錄、觀察、所思所感、所憂所慮，雖然不見得樁樁件件都是大事，但重讀時仍把我帶回當時風聲鶴唳的日子，想起自己當時相信無論陷入何等絕境，終有逢生的機會，而我想所有醫療從業人員都和我一樣，是一路懷抱著希望走來。

新冠疫情已成為台灣人，甚至世界人的共同記憶，希望我的這些庚子年微小記錄與思考，在留下一份紀念同時，也能提供給未來一些參照。

記庚子年，記希望

#永生難忘的大年初一

今天是農曆大年初一（二〇二〇年一月二十五日），原本應該歡喜迎接新年的氣氛因為嚴重呼吸道感染（SARI，當時還未叫COVID）而有點異樣！很多人可能對二〇〇三年的SARS已經沒有太深刻印象，但是對於第一線的醫護人員，特別是負責照顧或是曾經自我隔離一週的同僚，不僅記憶猶深，甚至永生難忘！

和當年SARS雷同，本次又起因於中國特殊的飲食及不注重公共衛生建設，加上一開始對事實的隱瞞及消息的封鎖，錯失防疫的最好時機，沒有從歷史得到教訓，以致重蹈覆轍，直令人扼腕。

所幸台灣政府、醫療院所、第一線人員記取SARS經驗，很快做出適當的防疫措施。我今年的新年新希望，是希望我們人民能夠具基本的防疫知識，例如：戴外科口罩、勤洗手，並希望大家能從自己做起，照顧好身邊的家人朋友，不製造恐慌、不造謠、不傳謠；讓真理及訊息跑得比病毒快，如此一來，我們醫護人員就有信心打贏這一仗。

天祐台灣！中國大陸十幾億人民是無辜的，基於人道主義，也希望這一場戰役能早日結束，眾生恢復正常生活。

#從武漢回來的台商，跑了

我喜歡歷史，自詡為業餘的歷史學家，歷史總是能給我們教訓、啟發，而且因為人的無知及貪心，歷史給我們的最重要一課老是「History repeats itself」

——歷史會不斷重演。

有人說，庚子年總有大事，一百二十年前的庚子年發生八國聯軍，使得清朝為此簽下天文數字的庚子賠款。今年又是庚子年，而一場沒有硝煙的戰爭正式登場，「前事不忘，後事之師」，希望這場嚴重呼吸道感染（SARI）的疫情不要像二〇〇三年的SARS，拖到七月才結束。

大家嚴陣以待之時，總有些人存有盲目的自信、抱持僥倖的心態。今天（二〇二〇年一月二十四日）有一個原本該自我隔離，從武漢回台的台商，竟然跑去舞廳，真是「不怕神一般的對手，只怕豬一般的隊友」！

談到自我隔離，我想到SARS時個人的親身經歷。當時我做完第一次的CPC（臨床病理討論會）報告後，在走廊碰到李源德院長，他很意外我還在醫院，問我是不是沒聽電話留言，因為我們實驗室有一位兼任研究助理是和平醫院的護理師，所以我應該從昨天開始就要居家自我隔離一週才對。聽到他這麼說，我馬上打電話請太太和小孩暫時到岳母家，此後一週，每日便當送至門前，我隔絕於斗室，把金庸小說又複習一遍，並寫了一篇IL-10基因型和胃癌關係的論文。

現在說起來好像還好，但其實，當時我的心情真的是七上八下，特別是當時我疑似有感冒症狀，每天一早起來都心驚膽戰地量體溫，若是沒有發燒，就覺得人生還是彩色的。因為如此，當我聽到李院長回憶SARS時期台大醫師的小孩在學校得到的關照，可以深刻體會！

回想起來，做好自我隔離，保護好自己，就是愛護他人。希望我們的民眾，若是身體真的有問題，能夠老實待在家裡。

你想想看，在家裡不管躺著休息或是看武俠小說，就能帶給社會最大的貢獻，何樂不為呢？

#知易行難的誠實策略

不少人小時候都看過《木偶奇遇記》的故事，主人翁皮諾丘只要一說謊，鼻子就變長，告誡我們做人做事務必要誠實。長大後，我們才知道要做到誠實真的很難，特別是面對自己不足或是不利之處時，否認或迴避是常見的反應。這一兩天防疫最重要的新聞，是一些從大陸回來的台灣人，其TOCC史（Travel, Occupation, Contact, Cluster，旅遊史、職業史、接觸史、群聚史）可能有隱瞞的問題，這讓他們變成防疫的潛在漏洞，讓「誠實報告，阻擋感染源」這一看似最簡易但也相當有效的方式失效了。

誠實面對自己確實知易行難，大家可能不知道摩爾定律（Moore's law）的創始人戈登．摩爾（Gordon Earle Moore）和安迪．格魯夫（Andy Grove）在一九八五年分別是英特爾（Intel）的董事長兼CEO和總裁。當時，英特爾的主要業務是記憶體晶片（英特爾早期以此業務起家），但卻從市場的領導者變成被日本廠商打得潰不成軍。在公司的一次會議，戈登與安迪兩人進行了關鍵的對話，安迪問戈登：「如果我們被踢出董事會，他們找個新的首席執行官，你認為他會採取什麼行動？」戈登猶豫了一下，答道：「他會放棄記憶體晶片的生意。」安迪盯著他說：「你我為何不走出這道門，然後回來自己做這件事呢？」接著，英特爾便在微處理器（Microprocessor）上轉型成功。這故事告訴我們，如果不是誠實面對自己的弱點、主動求變、自我批判、自我變革，等到別人來批判時，一切都晚了！

現在這個關鍵時刻，真希望有人發明誠實豆沙包，一服見效，也不用讓第一線的防疫人員及無辜的大眾受累或受害。

#口水戰

今天是大年初五（二〇二〇年一月二十九日），面對疫情，所有醫療院所無不嚴陣以待，加上指揮中心沉著應對，狀況還算穩定！只是來自媒體明星及政治人物的口水戰似乎變成另類的疫情。

台灣是難能可貴的民主國家，每人都有言論自由，都可以大聲指責政府的不是，確實，所有的情緒及言論都應該被聆聽而非被消滅，大陸假如一開始願意接受發現問題的人提出的意見*，今天就不會有如此的後果，解決提出問題的人而不解決問題，只會讓問題惡化。但是每次面對疫情或是重大災變，台灣老是有兩派意見針鋒相對，一種是超出合理範圍的悲天憫人，另一種則是匪夷所思的冷酷無情。尤其是台灣雖然已經沒有文盲，但是科盲及理盲很多，少數非專業意見從這些人口中說出，往往又是一條博人眼球的報導，而新聞從業人員也樂此不疲！

《鼠疫》裡這麼寫道：「這一切裡面不存在英雄主義，這只是誠實的問題，與鼠疫鬥爭的惟一方式只能是誠實。」面對疫情，我誠摯希望專業事交給專業人判斷，局外人只要保護好自己，不要添亂或站在道德制高點指責就好。除非專業的意見不一致，才需要政治力介入。

＊編注：武漢的眼科醫師李文亮，是最早公開示警新冠肺炎的吹哨者之一，但意見未被接納，反遭武漢市公安局訓誡。李文亮醫師後來染疫而亡。

截至目前為止，台灣的決策都符合專業。

#人人都戴口罩

突如其來的疫情讓這個年走調，也改變了每一個人的生活。剛剛經過公園，看到有人戴口罩在散步，還有一個人戴口罩在打籃球！口罩一下從醫療用品變成日常必需品，也不管專家一再強調要戴口罩的是以下幾種情形：有呼吸道症狀或發燒、會照顧接觸到這些人的醫護人員、有旅遊史／居住史／接觸史的自我隔離者、密閉空間有直接人與人接觸且一定時間者。而且，遵守這些規定還必須加上常洗手及避免摸臉才有用。

「全民一罩」讓口罩一下子缺貨，也讓醫療院所叫苦連天！當然，戴口罩是衛生常識，一個人為了自己和他人健康戴上口罩，代表的是他對旁人的負責，但是所有事都一樣，過猶不及，需不需要戴自己應該清楚明白，否則讓最需要的第一線人員彈盡援絕，就本末倒置。

曾在網路上讀過一句話：「為眾人抱火者，不可使其凍斃於風雪；為自由開路者，不可使其困頓於荊棘；為傷痛醫治者，不可使其傷害於疫患。」醫療人員不是天使，他（她）們只是一群堅守崗位的專業人士。不要再說「天祐台灣」，因為是這些人冒著可能的風險在照顧台灣人！我們的媒體要努力報導真知真相，目前並無特效藥或疫苗，但是公開正確的消息並使之流通，是避免恐慌的最佳方法，也是一種免疫機制。知情權就是生命權，不要讓科盲及理盲的報導誤導民眾，否則肺炎最終會痊癒，但是腦炎無藥可治。

#政府不是萬能

這幾天除了口罩之亂外，最重要的一件事就是從武漢順利撤回第一批，兩百多位台灣人（二〇二〇年二月二日）。平心而論，執政團隊秉持專業而且有充足規劃，部長（時任衛生福利部部長陳時中）甚至徹夜未眠，在面對媒體詢問，說明有一台商確診時，還留下了英雄淚。

政府不是萬能，也不是全能，我們一方面要鞭策政府，但是一方面也要理解並支持政府。面對疫情，截至目前為止，雖非盡善盡美，卻也有為有守，值得高度肯定！然而，在需要政府民間齊心的同時，本應為人表率的政治人物有些卻是脫軌演出，發表非專業的言論。每個發生都是一份照見，所有重大災難都是一面照妖鏡，在大事件面前，有人表現得讓人咬牙切齒，有人則讓人熱淚盈眶。

事非經過不知難，希望大家愈是在關鍵時刻，愈是要獨立思考，對於消息不光要用眼看，還必須要用腦想，同時改善生活習慣。

保護好自己，就是對醫護人員的最大支持。至於某些人的奇異言行，我可以原諒你們的自私，但是，請別炫耀你們的愚蠢。

#防疫不是政治鬥爭的手段

面對疫情，沒有人是局外人。我們防的是病毒，而不是中國人，要發揮同理心、避免歧視，每個個體都是對健康負責的第一人，然而，卻還是免不了因為無知個體的出現，導致出現整個群體被人針對的情況。最近的自主隔離、檢疫及管理，就有人出現荒腔走板的行為，造成一般大眾的恐慌，甚至人人自危。

隔離檢疫政策是中外面對瘟疫時所採取的霹靂手段，目的在切斷傳染源，達到阻止疾病傳播，是菩薩心腸的做法。《漢書．平帝紀》記載，元始二年：「旱蝗，民疾疫者，捨空邸第，為置醫藥。」可見當時便是由政府安排空房，作為隔離及治療瘟疫患者之用。

去過美國紐約旅遊的人，有不少會順便參觀自由島上的自由女神像。和自由島相連的愛麗絲島（Ellis Island）上有移民博物館，館內陳列著祖先移民的辛酸史，而這個地點也相當特殊，從一八九二年到一九五四年，所有要移民美東者，都必須在此接受移民官的審查和檢疫，住上一段時間，確定沒有健康問題才能進入美國本土。

上述這些例子，都是用個人些許的不便，換來整個群體的自由。台灣已經建立完善的防疫管理制度及系統，而疫情至此，我們不僅及格，更堪稱優秀！但是，「徒善不足以為政，徒法不能以自行」（《孟子・離婁章句上》），執行時仍須廣大國民配合。希望媒體及某些政治人物，不要再以局外人的理性，站在上帝的視角，無情且傲慢地說些風涼話，甚至嘲諷災難、大秀優越感，這些行為只會助長民眾的困惑及恐慌。千萬不要拿防疫，作為政治鬥爭的手段。

#災難與利益下的人性

疫情愈來愈嚴峻，到底病毒來源為何？嚴重度為何？仍然是謎。可以確定的是，R0值（Basic Reproduction Number，基本傳染數）在三左右，傳染力不低。

只是，新個案可以是一萬四千八百四十例，也可以去掉一萬*，直讓我們霧裡看花，摸不著頭緒。一個永遠學不會說真話，連真實資料都不敢面對的國家，絕不可能看到每一個數字背後活生生的人。

原本要去日本，但是因為政府宣布日本為一級警戒，只好忍痛放棄！不過，我仍支持政府的政策，也不想要回來後放十四天的「隔離假」。台灣已經是民主法治的國家，但是有人似乎只享受民主的好處，而不遵守法治，甚至說出「防疫是政府的事」如此離譜的話！重大疫情不是政府和醫院背地裡偷偷努力就能解決，必須動員全社會民眾一起配合。

台灣有些人的腦迴路裡，彷彿沒有邏輯這兩個字，他們只看到個人利弊，從來不分對錯。他們從未渴求真理，對不合口味的真相視而不見。假如謠言對他們

---

*編注：二〇二〇年二月十三日，大陸湖北省通報新增病例一萬四千八百四十例，其中有一萬三千三百三十二例，是臨床診斷病例。

有誘惑力，他們便更願意崇拜謠言。誰向他們提供幻覺，誰就可以輕易地成為他們的主人；誰摧毀他們的幻覺，誰就會成為他們攻擊的目標。人性在災難和利益面前，是如此不堪一擊。

希望為政者仔細品味陳誠多年前日記裡的一段話，能夠堅持擇善固執：

> 凡政府在決定政策前，能採納各方不同意見，為大多數民眾謀福利，這就是民主。
>
> 凡政府決定了政策，在執行時能貫徹意志，不問權貴與親朋，均「沒有例外」，這就是法治。
>
> 民主之精神在能擇善，法治之精神在能固執，古人所謂「擇善而固執之」，則庶幾近矣。

#歷史教訓

「我絕不會為我的信仰獻身，因為我可能是錯的。」

「恐懼是迷信的根源，也是造成殘忍的主要原因之一，智慧始於征服恐懼。」

「這個世界的問題在於聰明人充滿疑惑，而傻子們堅信不移。」

——羅素（Bertrand Russell）

昨天晚上消化系醫學會理監事聯席會經過充分的討論，終於做出把原本已經安排好所有節目延期的決定。原定在三月底的春季年會，移至七月舉辦，身為理事長的我心裡的大石頭終於放下，有如釋重負的感覺。因為一直擔心萬一有新冠肺炎的會員來參與年會，如此一來恐怕二千多個消化科醫師都將被迫隔離，到時醫院可能會面臨找不到人做超音波、內視鏡檢查及治療的窘境。

相對於大甲媽祖遶境如期舉行*，我們似乎勇氣不足，懦弱許多。有人說，信仰就是力量，有拜有保庇，但是我們不是神，而且神的旨意要靠人來執行，有血有肉的人不僅無法刀槍不入，也抵擋不住病毒的入侵。我想起中世紀黑死病前的歐洲由教廷統治，腐敗的教廷假宗教之名搜括、欺壓人民。黑死病發生時，教會組織祈禱隊伍，神父帶領信徒把珍貴的聖物帶上街頭遊行，希望藉此淨化人民，趕走瘟疫，沒想到，祈禱隊伍走過的城市，黑死病的蔓延速度反而加快。黑死病導致農民死傷大半，再也找不到人當農奴，之後人民覺醒，封建莊園瓦解，啟蒙運動及文藝復興萌芽。

黑格爾（Georg Wilhelm Friedrich Hegel）曾說，我們從歷史中得到的惟一教訓，是我們從沒有從歷史中得到教訓†。我非常希望歷史不要重演，希望有決定權者拿出勇氣，不考慮遶境的政治及經濟利益，一切以蒼生為念，要不然我們醫護人員的種種犧牲奉獻，豈不成為笑柄？肺炎要醫，腦炎更要救。

#奇蹟的一年

疫情益趨嚴峻，已經從決戰境外，到進入社區、醫院、軍隊，以及學校等肉搏戰！不少國外的新聞讓人觸目驚心，例如：韓國軍隊及教會的群聚感染。

瘟疫的決勝點是仍否信任專業與科學，但是更重要的是人性的測驗！綜觀人類史，瘟疫並非新聞，能夠做到的預防措施也非新知，重要的是決策者及全體國民能否上下一心，同心協力打贏戰役。台灣經過十七年前的ＳＡＲＳ洗禮，至少目前中規中矩，能夠讓《美國醫學會期刊》（*JAMA*）及世界媒體讚譽，是全體

＊ 編注：二〇二〇年三月十九日大甲媽祖遶境、三月二十四日白沙屯媽祖遶境皆如期舉行。

† 編注：出自黑格爾一八三七年的《歷史哲學演講錄》（*Lectures on the Philosophy of History*）：「But what experience and history teach is that nations and governments have never learned anything from history and have never acted in accordance with the lessons that could have been drawn from it.」

國人共同的驕傲！

除了人性的測驗外，瘟疫的發生也是改變個人及群體命運的推力！西元二〇八年，曹操帶領二十四萬大軍南下荊州，與孫權劉備五萬聯軍決戰於赤壁，而讓二十四萬大軍一敗塗地的，並非《三國演義》裡的草船借箭，而是北人南下，在過程中罹患的傷寒及血吸蟲病。感染病比諸葛孔明和周瑜厲害，軍隊的群聚感染即便是曹操的英明也無用武之地。

西元一六六六年，瘟疫讓英國劍橋大學停課，老師們被迫休息。有一老師——牛頓（Sir Isaac Newton），到鄉下閉關，在蘋果樹下被掉落的蘋果打到，於是在一六六七年有萬有引力、微積分等人類史上的重大發現，此年更被稱為「奇蹟的一年」（Year of wonder）。

病毒比醫師還公平，它沒有意識形態，也不管你的身分地位。聆聽專家意見，重視科學證據，在生死關頭，性命攸關，真實比較重要，其他都是過眼雲煙，而我希望，我們也能像牛頓一樣，利用這「奇蹟的一年」，創新創意，造福人群。

#哲學三問

這兩天的個案數增加全來自境外，於此非常時期在醫院工作的我們早就被禁足。我個人自二月起已經放棄三次出國，但是顯然非醫務工作者仍保有僥倖心態。我們早應該知道病毒已經全球散布，而且無國界之分、無種族之別，很公平地感染那些不做好防護措施的每一個個體。墨菲定律很準，君不見有一在外商工作的天子驕子因隱瞞旅遊史，頓時成為過街老鼠，不但害人害己，還害到公司*。這個時候，「誠實中」比「順時中」或「反時中」更重要。

* 編注：二〇二〇年三月十五日，中央流行疫情指揮中心公布之案五四，於二月底與三月初前往泰國、日本旅遊，十一日返台後出現流鼻水症狀，十五日確診。公布後，遭網友爆料其任職於外商金融公司，且其共租室友各在不同的金融機構上班，三間公司已開始全面清消、隔離有接觸可能的員工，造成金融圈恐慌。（〈武漢肺炎確診掃到台灣金融圈　業者加強防疫也忙澄清傳言〉，《中央社》，二〇二〇年三月十六日。）

早說過瘟疫是對人性的一大考驗，在此非常時期，不僅每個人的步調被打亂，習慣也須改變。過去朋友是約你吃飯或來醫院探你病的人，但現在是敬謝或推辭來訪才是好友。網路上流傳不少笑話，例如：朋友不需為你兩肋插刀，只要來赴約的，都是生死之交！其實，民眾真正的好朋友是照顧病人的一線醫護人員，是他（她）們冒著被感染的風險，沒有保持社交距離（Social Distance），他（她）們才是你的生死之交，所以，希望大家如果沒有必要，請勿在這段時間以旅遊為目的出國。台灣醫療體系是小而美，並非強大到足以一下子應付大量的個案。請珍惜醫療資源、愛護醫護人員！

之前看到以色列為了盡力保護自己的國民和醫護人員，竟然將降落在特拉維夫機場的一百多位韓國旅客趕回去，雖然有點絕情，但這在防疫上來說卻完全理智。

疫情確實是人性的考驗，也是樹立人生正確導向的好機會。此刻的醫護人員們都變成了哲學家，只要你來，我們會一律問三個靈魂深處的哲學問題：你是誰？你從那裡來？你要到那裡去？

請誠實以告。

#我台灣，我驕傲

重大疫情當前，政治人物的思維必須去政治化，然而最近兩則新聞實在讓人憂心忡忡。就說對抗瘟疫只有依靠專業，公眾健康高於一切，在疫情的防範和控制上，陳時中和張上淳（時任中央流行疫情指揮中心專家諮詢小組召集人）兩位領導值得喝采，但是仍有一些人用莫名及莫須有的理由，要求他們退位下台，在戰情吃緊的當下，他們卻在「緊吃」！

檢討此次台灣的控制手段，前半段主要是抑制（suppression），藉由阻止境外移入，讓R0值盡可能小於一。我們上半場確實打了一場好球；後半段——也是目前的現況，是採減緩（mitigation）的方式，努力延緩病毒傳播的速度，讓病例相對分散，避免集中出現，防止醫療院所不堪重荷。

敵人已經入侵，此時是短兵相接的肉搏戰，阿兵哥（國民）的素質，與隔離、檢疫、自主管理及保持社交距離（Social Distance）等措施是否有效緊密相關。

敬畏是對疫情最起碼的態度，而面對疫情，民眾的僥倖和恐慌恐怕會是另一種疫情。真正的領袖是那些可以超越政治鬥爭，針對重要議題而非黨派議題建立共識的人。希望官僚主義、形式主義都讓位於公眾健康，《國際歌》的一段歌詞說得好：「從來就沒有什麼救世主，也不靠神仙皇帝，要創造人類的幸福，全靠我們自己！」

疫情過後，希望我們都能大聲說出：「我台灣，我驕傲。」

第十三章

病毒教我們的事

正如當時中央流行疫情指揮中心一再強調的，防疫視同作戰，面對COVID-19疫情，因為多數症狀無特異性，發病前及發病初期具高傳染性、有「無症狀感染」、病毒持續釋放核酸時間長（平均二十天）、可能重症甚至死亡，再加上病毒變種快且在世界各國持續社區散播等特色，我們與COVID-19的戰爭，注定無法像二〇〇三年面對SARS一樣速戰速決。

早在一九八〇年，台大醫院即創立全國第一個院內感染管制中心，當時認為感染管制措施「差之毫釐，繆以千里」，事前的謹慎規劃，勝於事後的追究，而成功之道無他，惟有「耐操、耐煩、不怕繁瑣、不畏艱難」，沒有魔法只有基本功（No Magic, Just Basic）；沒有奇蹟，只有累積。俗話說：「不經一事，不長一智。」一克的經驗抵得上一噸的理論，台大醫院不只做到前瞻預防，團隊更秉持著一直以來經驗傳承的精神，蒐集二〇二〇年一月到二〇二一年七月間，所有有關COVID-19的院內防疫文件及策略，編成了一本電子書《那些病毒教我們的事：臺大醫院COVID-19防疫全紀錄》（原水出版，二〇二二年），除了留下紀錄，作為醫院抗疫歷史的一部分，也提供給來者參照。

疫情期間，我自己也寫下了不少篇文章，討論當時面臨的困境、看到的現況，還有對未來的猜想，我將這些點滴積累的文字整理在這一章中。《大戴禮記》有言：「往古者，所以知今也。」歷史像一面鏡子，它照亮現實也照亮未來，且絕對禁得起時間考驗，可作為當代的鑑戒，後世的教訓。病毒教我們許多事，而這美好但困難的一仗我們經歷過，留下了許多紀錄，希望我的這些思考與看法，也能給後者帶來一些幫助。

醫院如何兼顧彈性與韌性

面對不確定但可能發生的災難（disaster）和層出不窮的新興感染（emerging infection），醫院裡有所謂的「應變計畫」，按表操課（algorithm），在最大的彈性度內靈活的針對四個項目（staff〔人員〕、stuff〔物資〕、space〔空間〕、system〔系統〕）做調整及調度，以COVID-19為例，台大醫院事前就有完整的規劃，能夠於最短的時間調整專科病房為專責病房，並調動醫護人員照顧。

面對如此狡猾難纏的敵人，想要打贏這場戰爭必須要有規劃良好的作戰計畫、優秀的執行團隊及充分的後勤支援。超前部署的作戰計畫框架必須包括人員、物資、空間、系統。這四S架構，台大醫院早在二〇二〇年末出現大規模疫情前即已明列在《疫災應變計畫書》中，也在二〇二一年即有桌上演練。

可是，面對難測又多變的敵人，再怎麼完善的計畫也趕不上變化，在二〇二一年五月台北萬華區爆發大規模社區感染後，台大醫院由於地緣關係，短短兩週內湧入超過一百五十位確診患者，其中更有三十位以上的重症病人。面臨這巨大的考驗，我們原本準備好的專責負壓隔離病房馬上捉襟見肘，只好緊急動員工務室及總務室同仁日夜趕工，同時也加緊訓練人員。有賴全體同仁將士用命，加上社會大眾的愛心捐贈，我們才得以度過五月至七月這漫長的三個月。當中的辛勞是「如人飲水，冷暖自知」，同仁們此段時間靠著外界的支援，和心中的希望、勇氣兩盞燈，度過每一個奔忙的白日和漫漫長夜。

在歷經醫療量能降載、院區保淨，之後我們配合政策，進行大規模篩檢及疫苗注射，協助台灣度過此波疫情。和之前不同的是，COVID-19 疫情不會在短期內結束，因此醫院的作戰計畫必須兼顧短期的靈活度（彈性）與長期的持久度（韌性）。除了快速反應提供新冠肺炎患者高品質的照護外，也要維持對非新冠之癌症患者、心血管急症、外傷緊急應變的量能。此外，因急速降載中斷的社區醫療需求及非緊急手術（elective surgery）的服務，長期下來，也必須逐步恢復。而為了同時完成上述三項要求，達到醫院的韌性——可定義為減少災害挑戰的影響及快速恢復的能力，因而大量額外增加的工作量，對在第一線工作的同仁來說，並非只是提供充足、完善的個人防護裝置（personal protective equipment）就可以滿足，他們的福祉、被重視的價值及和醫院任務的連結度，也是要長期作戰、達到既靈活又能打持久戰的重要指標。對於照顧團隊，打造能彼此分享擔憂和新想法的支持性工作場域，建構心理安全的支持性環境（稱之為psychological safety）也是關鍵。

可以促進醫院韌性的方式還包括發展大量良好的臨床照顧指引，讓實證照護可以於不同科別或原本不熟悉的病房工作人員迅速上手。又因 COVID-19 是一新疾病，最佳照顧方式仍不斷改變，將最新知識置入電子病歷的新照顧路徑（new care pathway）也是必須的。

此外，滾動式臨床及行政變動和協調，需要有能力及透明度高的院級領導團隊來完成。台大有向心力最強且合作無間的團隊，真正做到「勝則舉杯相慶，敗則拚死相救」，團隊群策群力，勇於面對且解決問題，成功沒有捷徑，而是「看似尋常最奇崛，成如容易卻艱辛」（王安石，《題張司業詩》）。

對醫院而言，能夠未雨綢繆、儲備最大的防疫病房量能和最多的防疫物資當然最理想，但凡事皆過猶不及，若是疫情很快過去，又怕淪於多餘及欠缺效率（redundant & inefficient），特別是台灣絕大多數的醫院都在健保的微利下營運，因此跨醫院間的合作及協防格外重要。前文提到台大醫院在一週內收治一百五十位新冠肺炎患者，且其中有三十多位重症病例，當時能夠順利度過難關，就是區域聯防的功勞。

現在回頭看，新冠疫情也許是百年來對台大醫院最嚴厲的壓力測試，而能通過考驗，除了我們自身長期的充足準備與熟練推演，還仰賴各界的援手和其他醫療機構的協力。我們成功完成的每一件事，安全踏出的每一步，都是群策群力、上下一心、內外一同的結果。

信仰與科學・假消息與言論自由

防止瘟疫不僅需要醫療方法，也要有公衛手段，針對重要議題建立信任（trust）、互惠（reciprocity）的共識，超越政治鬥爭，是台灣相對其他國家防疫來得安全有效的重要關鍵。

美國這個擁有最先進醫療及豐富公共衛生資源的國家，在對抗新冠肺炎之所以沒有亮眼的成績，防疫失敗的原因之一，便在於錯誤及虛假信息（misinformation and disinformation）藉由社群媒體的快速散播。其中最廣泛流傳的三項是：

一、疫苗不安全，也不需要注射。

二、以未經證實甚至危害的治療方式，例如：奎寧（hydroxychloroquine）、治療寄生蟲藥物（Ivermectin）等偏方治療新冠肺炎。

三、口罩對防止病毒散布並沒有效果。

若散播這些訊息的，是看似專業的醫生或政治人物，則推波助瀾效果更為明顯。美國估計有兩百萬到一千兩百萬人因此未接受疫苗注射，而且二〇二二年二月十八日《美國醫學會期刊》上的兩個研究更是引人注目，其一是馬來西亞針對以Ivermectin治療新冠肺炎做的隨機臨床試驗，再度證實此藥根本沒效，然而儘管之前由哥倫比亞及阿根廷所做的結論也相同，甚至統合分析（meta-analysis）也證實此藥無用，卻仍有不少人相信它有藥到病除的神效；另一篇研究則發現使用奎寧和 Ivermectin 的比率，在二〇二〇年美國總統大選投給共和黨的州較高。

針對這些虛假不實的消息，美國醫學專業執照委員會（American Board of Medical Specialities-ABMS）及州醫學執照聯合會（Federation of State Medical

Boards-FSMB）已經接到舉發，也調查確實有違反專業行為，但是並未做出處分。創立美國前線醫師組織（America’s Frontline Doctors），極力提倡不打疫苗、不戴口罩、以遠距醫療提供奎寧和Ivermectin給病患，並每次收費九十美元的醫生西蒙・戈爾德（Simone Gold）既不具內科專業也罪證確鑿，卻仍因言論自由保障而未獲相應的懲處。

醫療進步的美國如此，台灣雖防疫頗為成功，但在假消息的傳播上也不遑多讓。

新冠肺炎並沒有特效藥，不管是因感染後恢復得到，還是經由疫苗注射取得群體免疫力，都是我們社會能否順利解封的利器。拜生物科技進步之賜，COVID-19 流行期間，我們在有史以來最短時間內擁有多種有效疫苗可供選擇。但是即使是在疫苗供給無虞的國家，疫苗施打的進度落後，甚至民眾持懷疑態度而猶豫是否該施打，仍然常見。《美國醫學會期刊》即以「凡俗流行病學」（lay epidemiology）和疫苗施打接受度（vaccine acceptance）為題，認為前者可能是疫苗施打不振的因素之一。

「凡俗流行病學」指的是來自朋友、家人、同儕、社群及新聞媒體的消息。早在一九九一年，就有研究（Br J Gen Pract 1991:41:428-430）明白指出它會影響民眾健康教育或健康行為的理性選擇。特別是透過影像和故事而非嚴謹的資料分析或科學研究，更能發揮決定性的作用。有關疫苗注射，過去最有名的例子，是一九九八年有報導指出注射麻疹疫苗引起自閉症的相關性，雖然後來澄清這是偽科學，但一時之間仍是風聲鶴唳，不管兒科醫生說破嘴，麻疹的施打率仍不彰。

我們可以把科學當信仰，但萬萬不可把信仰當科學。台灣疫情時的疫苗供應尚稱穩定，但是民眾仍受不少「專家」、「媒體」、「故事」影響，而有挑選疫苗施打，或明明屬高危險群卻不願意打的現象。《美國醫學會期刊》的文章提出了三個化解不良影響的方式，第一、為弱勢或高危險群體提供量身定制的資訊，例如：「對老年人來說ＡＺ疫苗的副作用反而小」，而不要單純的講整體的效果及副作用這些無感的數字，且最好能以影像或故事化呈現；第二、和地方有影響力的人物合作，這些人的勸說有助於提高施打率，過去台灣基層診所醫師在各種疫苗的施打上，即扮演這個重要推手；第三、聚焦於信任，不要去責怪民眾，而要透過他們對政府及醫療專業的信賴來強化。

《人類大歷史》的作者哈拉瑞（Yuval Noah Harari）曾在《金融時報》（*Financial Times*）上發表過一篇關於冠狀病毒之後世界的論述，其中他指出在遏制這個流行病的危機時刻，我們面臨兩種特別為難的選擇：極權主義監視 vs. 公民賦權。這兩種政體截然不同，前者如中國的一黨獨大，後者如台灣的民主制度，兩者看起來都可有效抗疫，也各有支持及反對者。

民主有民主的好處，但我們同時也不能忘記，在享受自由的同時須負起相當的責任。遙想一百多年前的五四運動，很多人現在已經忘了有這回事，但是當時追求的民主（democracy）和科學（science），即使在今日仍是我們追求的目標。特別是賽先生，在華人社會及教育仍很難落實。雖然儒家的代表孔老夫子很早就告訴我們要有科學依據，提出毋意（不要憑空揣測）、毋必（不要先入為主）、毋固（不要拘泥固執）、毋我（不要自以為是），然而今日人們獲知消息的管道多又便利，文盲沒有，可腦盲和科盲仍然不少，不少人為成見所囿，因假消息而困。美國哈佛大學前醫學院院長曾說：「我們要教你的有一半是錯誤的，一半是正確的，可問題是我們不知道哪一半是正確的。」而正是這種開放的，不是先射箭再畫靶心的態度，西方的科學才能一再進步、且日新月異。

愛因斯坦說：「如果我們知道自己在做什麼，那麼研究就不能被稱為再尋找（research）。」即便疫情已緩和，但仍未到可以完全放鬆的時刻，希望接下來的科學研究能將危機變轉機。

限篩、擴篩、普篩

新冠疫情期間，因為連假導致以及偶發性社區個案讓不少醫界同仁擔心，提出要施行普遍篩檢的聲音不小。到底篩檢是怎麼一回事呢？

篩檢是面對重大疾病對無症狀患者採取的手段，其成立的前提有三：一、須為重要且常見的疾病；二、有簡易準確（特別是敏感度）的方法；三、篩檢出來陽性的個案具明確有效的治療。

以新冠肺炎而言，標準檢驗是以RT－PCR（Reverse Transcriptase PCR，反轉錄酶PCR）測病毒核酸，雖然敏感度及特異度皆可接受，但是因檢體採樣時間的不同，仍有偽陰性——有感染但沒有驗到，以及偽陽性——病毒片段但無感染力的問題。除此之外，檢驗從蒐集檢體到完成檢測最快也要四小時，且人工檢查也有量能的問題。大家最愛提的快篩，驗的是蛋白，是簡單快速的抗原抗體反應，不過有一個很大的問題，是快篩的敏感度和特異度被質疑，比如曾經大出另類風頭的中國輸外試劑即是一例*。

透過可靠的檢查，確定陰性者可以解除警報，但是檢測出陽性者若人數很多且症狀不一，要一律高規處理或是選擇性處理，也是令人頭痛的問題。台灣前期因尚未有院內或社區群聚感染，所以採限篩方式，可是隨著疫情演變，旅遊史及症狀愈來愈不重要、可靠度也下降，以超前部署的角度，勢必要往擴篩方向

* 編注：此為「中國製劣質 COVID-19 快篩試劑流竄我國」一案。大鑫資訊公司於二〇二二年涉以中國製快篩試劑混充美國製富樂牌（Flowflex）快篩試劑在台販售，食藥署要求其於一個月內下架並回收兩百三十七萬劑產品。二〇二三年四月二十七日，監察院對此「中國製劣質 COVID-19 快篩試劑偽造為美國製造輸入我國」提出糾正。

發展。這當中除了繼續維護醫療系統量能之外，儘快開發可靠的快篩或是擴充RT－PCR的量能，絕對是下一階段科學防疫的當務之急。對此，台灣民間有很多高手，特別是機器人和自動化，我書寫這篇文章時，已有機器一天可檢驗約一千個RT－PCR檢體，科技與醫療的協作在未來肯定會更加緊密，而經過這百年一疫，我想可以期待更多禁得起時間、臨床考驗的破壞式技術創新。

隨著疫情發展，當社區感染的情況趨緩，人們不免開始期待一覺醒來，指揮中心就能夠宣布我們可以回到過去，回到疫情未爆發的生活樣貌。但即便過去如何美好，走回頭路是萬萬不可行的。

瘟疫一直存在人類歷史當中，從過去的經驗可推知，疫情的完結篇不外有四種：一、蔓延燃燒（conflagration）：例如新冠肺炎時期的印度；二、共存（cohabitation）：例如當時候的英國、美國、新加坡；三、消除（elimination）：例如一度「嘉玲」（加零）的台灣和紐西蘭；四、根除（eradication）：例如天花，自簡納（Edward Jenner）在一七九六年發明種牛痘預防的方法，經過全球共同努力打疫苗，終於在兩個世紀後，世界衛生組織（WHO）宣布天花再也不存在了。

新冠病毒因為無症狀傳播、潛伏期長再加上變種的狡猾特性，絕不會輕易向人類投降。雖然我們很快發展出有效的疫苗，但是疫苗供應得不均、施打過程民眾對副作用的遲疑等因素，使得無法短時間有好的全球覆蓋率，以及少數變種病毒的破防感染（breakthrough infection），都讓全球根除成為不可能的任務，甚至就連部分地區病例的消除歸零都是奢望。即使是疫苗高施打率國家，一解封馬上再度爆發新一波疫情，也是常見的情況。

比較務實的看法及長遠目標，應是與病毒共存，使病毒流感化。藉由已感染及疫苗所建立的一定程度的抵抗力，加上疫苗減少了住院及重症，得到感染者因此無症狀或毋須住院，能夠維持相對可接受的生活方式，醫療因此能維持開放、高效能，醫療照顧體系也能夠合理的正常運作，持續提供專責病房給明顯重症的患者，而專科病房仍能在社區傳染之火未完全撲滅時扮演救死扶傷的角色。於此同時，加強監測（surveillance）檢驗會成為人們進醫院的必要之惡，篩檢雖會造成不便及增加負擔，但民眾及醫管單位不得不體諒，而惟有仰賴每一個人的理解、配合，防疫之路才能走得順、走得好。

誠實的重要性

曾聽過一句話：「快樂與痛苦、富有和貧窮之間，只有一場病的距離。」身體好比什麼都珍貴，心情好比什麼都重要，只要身體沒病，心理便無事，而身心俱泰就是幸福。

在我看來，二〇二〇年也是人類的健康元年。新冠疫情讓大家更體認到健康的重要性，但問題是，健康沒有快車，只有日積月累，現在不及時養生，將來勢必養醫生。很多人要等到生病才領悟健康的重要性，但不會為此改變生活方式，一旦身體恢復了，又「好了傷疤忘了疼」，不從根本做起，照樣胡吃海喝，殊不知世上買不到的就是後悔藥。

在與病毒共存的時代，每個人都要提升自己的健康識能，為自己的健康負責。未來的醫學會由「疾病的醫學」改成「健康的醫學」，從被動的治病到主動的防病，強調預測（predictive）、預防（preventive），精準（precise）和個人賦權（participatory），這4P醫學的精華即在每個人的積極參與。

個人要積極參與，其中能不能敬畏、誠實地面對當前的情況，並排除所有政治、金錢、權力與私心的考量來行事、做決策，我認為是面對疫情最起碼要有的態度。卡繆的小說《鼠疫》就有這麼一段話：「這一切裡面並不存在英雄主義。這只是誠實問題，與鼠疫鬥爭的惟一方式只能誠實。」

面對影響全球的超級病毒，誠實的重要性展現在每一次部分民眾謊報旅遊史、接觸史，每一次防疫旅館心存僥倖的不徹底清消上；展現在必須動員全體民眾一起配合才能成功，而不是政府與醫院在背地裡偷偷努力就能消滅疫情上；展現在能夠承認自己的無知與知識、理解有限，將專業交給專業人判斷，相信專業而非謠言上。

惟有誠實才能保護好自己，而保護好自己就是對社會最大的貢獻，對醫護人員最大的支持。

除了在面對病毒上誠實，COVID-19 也刺激了我更誠實地思考了其他層面的問題，包括醫療資源分配的問題：世上最公平的是病毒，誰都可能感染，但是死亡率老年高於年輕，男高於女，窮高於富，醫療資源分配是生死抉擇的關鍵；包括人權問題：最重要的人權是生命權，健康不是第一，而是惟一，我們的生命如此脆弱，真的要且行且珍惜。

最後，我想也需要對這個地球誠實：我們並非地球的主宰，新冠肺炎的封鎖，顯示了沒有人類活動的地球，說不定真的更好。我們總是妄想征服自然，但人定勝天的結局是大自然的反撲。疫情便是一證，在病毒面前，我們是如此不堪一擊。不過，我想我們也未必需要如此悲觀，顧身體和顧肚子總有難以兩全齊美的時候，「事非經過不知難」，隨便指責前人與他人很容易，但更重要的是，我們能否因為誠實，改善面對疫情、面對自己、面對社會、面對地球的態度呢？

影響世界的選擇

二〇二三年四月七日，我到衛生福利部疾病管制署參與中央指揮中心的例行記者會。會上，我一方面表達過去兩年來對政府、全體國民及醫療體系並肩作戰，負重前行讓歲月靜好的感謝，也藉媒體之力，呼籲疫苗施打重要性及策略轉變的必要性。當時提出的主要論點如下：

第一、No Magic Just Basic：防疫如同作戰，作戰基本原則為「知彼知己、百戰不殆」。當時新冠肺炎病毒株已經由 delta 變成 omicron，有專家報告，後者的R0為十（一人傳十人），但是嚴重度和致死率不如前者，而台灣當時僅〇．二一％，甚至比國外低。就算如中國採取幾近封城手段，仍然無法達成動態清零，更遑論病毒清零。因此，新的作戰方略除了繼續保持個人ＡＢＣ（口罩、洗手、社交距離）以減少病毒散播外，大方向應改為「重症清零、保持醫療量能」，從而減少罹病率及死亡率。

第二、Believe & Trust：我們共同的敵人是病毒，抗疫必須相信科學、信賴彼此，要同舟共濟才能獲得最後勝利。過去兩年，台灣和其他地方相較，彷如平行時空，這不是元宇宙，而是上下一心所完成的不可能任務。美國疾病管制與預防中心（Centers for Disease Control and Prevention）最近公布二十一家醫院，一千四百四十位危重症及死亡個案，發現其中未接種疫苗者占一千一百三十三人（七十九％）、接種至第二劑者有兩百七十七人（十九％），但接種疫苗加強針者只有三十人（二％），並更進一步發現年老者及慢性心肺及糖尿病患者為高風險病人，這些人是疫苗加強注射之重點族群，而且新的報告也指出，不管是 delta 或 omicron，疫苗在減少危重症及死亡率是一樣的，打加強劑利大於弊、好處高於風險。希望大家打好打滿，不僅保護自己，也是對家庭及社會的最大貢獻。

的確，就算今天回頭看，我也同意疫苗打好打滿，比當時坊間流行的「混混打」（混打疫苗）要緊。

疫苗的問世絕對是目前為止在對抗新冠肺炎最大的成就之一，疫苗覆蓋率愈高的國家，不僅保住了醫療體系的量能，也較有底氣朝鬆綁邁進。

能在短時間內就發展出有效的疫苗，主要得力於先進的生物科技，美國、英國、德國是領頭羊，Moderna、AZ、BNT疫苗的名字，皆是老少都能琅琅上口的名詞。但是，疫苗問世及大量製造的時間有先後，而且很多時候都是邊做第三期臨床試驗邊蒐集資料，就先以EUA（Emergency Use Authorization）緊急授權上市。不管哪一種疫苗，惟一共同點是必須兩劑才能發揮最大保護效果。而且當時就上市後的第四期 Real World Data*看起來，不論是在減少住院及重症，效果都不分軒輊。

疫苗混打的策略並非是一開始即設計好的臨床試驗，而可能是疫情擴散及疫苗供應失調下的產物，慶幸的是副作用尚可接受，而抗體的濃度也較高。可惜，疫苗混打並沒有藥物試驗第三期以減少感染、重症及住院的數據，只是用抗體濃度高就足以讓很多人追捧，甚至認為是黃金準則。混打疫苗的論點沸沸揚揚之時，有不少朋友問我的意見，我的標準答案都是：「打好、打滿，不管是A、B，還是M。」

防疫時做的許多決定，比如疫苗該怎麼打、選哪一種打，很多時候都是「要向左走，還是向右走」的抉擇。不能說哪幾種做法一定是錯的，哪幾種一定是對的，而是在有科學驗證的前提下，可能都行得通、道理說得通的情況下，我們就現有的情況與條件，要選擇哪一條路走。

台灣的新冠肺炎防疫成績讓很多國家注意到我們，雖不能說是奇蹟，但光就前半段的表現就已經讓原本看衰台灣的人刮目相看了，不過，就算當時情況好過

＊Real World Data：真實世界數據，意即並非來自臨床實驗、嚴格控制下蒐集的數據，而是從實際醫療環境中獲得的數據。

其他國家，我們也沒有鬆懈的本錢。有一段時期，預防的重點擺在院內感染及社區感染，政府的一些措施勢必會影響人民的生活，但是若因為前期的成功而疏忽大意或毫無限制，可能會導致所有人都不想看到的結果。然而，人性就是如此，一旦安逸了就很可能鬆懈。

果不其然，儘管政府已提醒保持一．五公尺社交距離的建議，在前期守住疫情的情況下，媒體上出現墾丁大街及花蓮夜市人滿為患的照片。見此情景，商家當然開懷，醫護人員見狀卻是憂心忡忡，特別是又逢清明連假期間，儘管宣導，希望民眾改別的方式掃墓，但顯然有些民眾還是不以為意。此外，除非特殊情況否則不准民眾到醫院探病的公告，果然也引起民怨。

當台灣疫情控制得不錯的時候，許多人不免鬆懈、過於樂觀，忘了我們還不到「馬照跑，舞照跳」的地步。是時一些零星社區個案的報告，已促使某些專家提出廣篩及封城等措施的方案，而這些就疫情著想的超前部署，勢必又將限制民眾更多的自由與權利。

專業與政治，民主與防疫，孰輕孰重，值得決策者深思與民眾的共同配合。網路上有不少與此有關的笑話，例如：南韓疫情一發不可收拾，但北韓的疫情則是一發就可收拾。又有一句網路上流傳甚廣的話是：「隔離，人權沒了。不隔離，人全沒了。」（Quarantine, no human right; no quarantine, no human left.）該向「左」（Left）還是向「右」（Right），要隔離還是不隔離，的確是難解的問題。

面對 COVID-19 這場無硝煙的硬仗，我想每個人都可以回過頭來設想一下：假如你是戰場的一線指揮官，你的作戰方針會是清零還是共存呢？這將影響整場戰役的走向。回想二〇二〇年疫情初始，英、美判斷此病毒頂多像流感，而流感無法根除（eradication）或滅絕（elimination），因此選擇與之共存，結果到二〇二一年十二月，美國死於新冠肺炎的人數超過八十萬，遠遠超過一九一八年死於流感的六十七萬五千四百四十六人。反觀採取清零政策的中國和台灣，不僅死亡減少，經濟成長更甚為可觀，人民生活也相對正常。當然，英美的失誤，除了戰略的錯誤外，也和當時的病毒株由傳染和致死率低的 Alpha 轉成相對嚴重的 Delta 病毒株有關。從結果論英雄，第一回合，是清零完勝共存。

後來造成全世界感染的病毒株，已經由 Delta 變為傳染率和免疫逃避更高的 Omicron，重症率和死亡率相對較低。而在歐美每日報導個案數居高不下的狀況下，竟然有政治風險諮詢公司公布二〇二二年世界十大風險預測，居首位的竟然正是中國的新冠清零政策。他們認為清零會給消費和經濟帶來沉重壓力，同時加劇社會摩擦，但若是此時轉向共存，則形同自動棄守、前功盡棄，還可能造成醫療系統崩潰。相較之下，隨著西方國家大多數人口接種 mRNA 疫苗，以及有效口服藥物大幅減少住院率和死亡率，他們的疫情已接近尾聲，有望把 COVID-19 從流行病降級為和流感及 RSV 的風土病。

從戰略角度，西方賭 Omicron 是最後一波疫情，佛系抗疫政策引來觸目驚心的確診人數，但是感染之後的先天免疫及疫苗的後天免疫超過九成，帶來群體免疫，有望迎來新常規（new normal）生活，反之，實施清零政策則根本無從遏制，疫情反撲是必然的，因此與疫情對戰的第二回合，西方國家可能由落後變領先，輸家變贏家。

防疫當然是科學當家，可是當我們不知道疫苗或感染後的免疫力可以持續多久，當我們不知道是否還會出現新的變種，而現存的治療是否足夠預防感染的後遺症，當專業無法決定或介入，就是政治該擔當重任之時。此時，除了是否有能夠領導大家前進，讓人信任的政治人物便十分關鍵，但更困難的是：我們如何能夠凝聚共識。

台大醫院始終選擇在致力凝聚最大多數人共識的路上前行，而且努力的範圍不只國內，更遠及海外，不但從事國際醫療，更協助政府做醫療外交。台灣最成功的兩個外交領域，一個是顧肚子——農耕隊，一個是顧身體——醫療。食物與健康都是民生基本需求，不因政治、種族而有所差別，我們也因此得到了國際的肯定與友誼。

從一九六四年開始，台大派出利比亞醫療隊參與國際醫療交流至今已逾半世紀，我們一路走來，見證了台灣的醫療外交發展，過程中見證、參與了許多重大決定的決策過程。

選擇參與國際醫療交流，不只是協助政府達成外交任務、增進台灣能見度，也是善盡作為地球村的一分子，台大醫院更因此得到較多主治醫師的名額，能夠留下人才，如今有很多院長級的醫師，年輕時候都曾遠赴利比亞、沙烏地阿拉伯，他們願意離開舒適圈，接受挑戰、迎向未知，不只幫助別人，也讓自己成長，藉著在異國行醫拓展視野、增加歷練，後來都成為該領域的佼佼者、醫院的領導者，甚至衛生署長，足以成為年輕醫師的典範。

台大醫院選擇推動國際醫療的方式比較不一樣，不是直接給對方魚，而是教他們怎麼釣魚。我們並非派義診隊去當地幫忙看診，而是派醫療團隊去示範、教學，甚至長期接受對方派人來台大醫院受訓，讓他們帶回新的醫療技術及觀念。這也符合台大醫院身為醫學中心的角色——服務、教學、研究並重。

義診式的國際醫療相較之下無法永續經營，比如瓜地馬拉遠在中美洲，如果我們去幫助對方接生難產的個案，等我們回台灣後，他們再遇到難產怎麼辦？不如教會他們，才能真正幫到當地人，畢竟我們不可能永遠待在那裡，這才是更永續的做法。雖然我們沒辦法像史懷哲那樣久居非洲、為當地人看病，但在可以幫忙的範圍或影響的層次上，我們能夠做得更完善、更深入。

二〇二〇年 COVID-19 疫情蔓延時，蔡英文總統提出「Taiwan Can Help」的口號，其實，台灣在半世紀以前就藉著國際醫療交流做到了這件事，只是到了疫情時才格外凸顯台灣的醫療與公衛實力。能夠有這樣的成績，都是一系列的選擇累積而成的，我們在過去半世紀培養了許多醫療跟公衛人才，甚至建立了全世界最好的健康保險系統，而這些都展現在我們應對疫情的一系列成果上。

生命有保障才會覺得幸福，能夠生存才有辦法發展。就這點來看，台灣醫界長年來做的許多大小選擇凝聚的結果，早已落實這個口號了，我們不只能把國民照顧得好，還行有餘力去幫助異國民眾，將醫學的人道精神發揮到極致、影響世界。

第十四章

醫在瘟疫蔓延時

諾貝爾得獎名家馬奎斯（Gabriel García Márquez）有一部作品叫《愛在瘟疫蔓延時》（*El amor en los tiempos del cólera*），寫的是驚心動魄大時代之中綿延繾綣、永恆的愛情，我非常喜歡這個故事，當中主角阿里薩為情痴狂，足足等待了五十一年九個月又四天的執著深深觸動我，讓我想到每一個時期的每一位醫者，在面對瘟疫之時，也都是這麼「一往情深」。

這一章收錄的三篇文章，是我分別在疫情期間寫給醫療從業人員和一般民眾的話。其中一篇疫情期間醫師節的感言，我便是以〈醫在瘟疫蔓延時〉為題，而這也是此章的標題。

我們在這世上，肯定都遇見過、經歷過、離開過愛情，肯定也都遇見過、經歷過、離開過瘟疫。無論位在這世界的哪個地方，是什麼身分，面對疫情，我們都在其中扮演一個角色，無一例外。

醫師節感言：醫在瘟疫蔓延時

今天是醫師節，分析世界上各地的醫師節緣由，不外三種：一、紀念醫師政治家，例如：台灣即以孫中山誕辰的十一月十二日為醫師節；二、紀念醫師科學家；三、醫師會成立。有趣的是，這三種模式不約而同呼應知名病理學家斐爾科（Rudolf Virchow）對醫學的定義，他說：「醫學是社會科學，而政治不過是更大規模的醫學。（Medicine is a social science, and politics is nothing else but medicine on a large scale.）」

過去三年的疫情，讓全世界的醫生都更辛苦，更快樂不起來，特別是一開始疫情嚴重的歐美，醫師離職率和耗竭（burnout）比率更屢創新高。台灣的醫界一向溫良恭儉讓，大家配合度很高，也耐操耐勞，在全世界一片不看好狀況下，守住了一波又一波的疫情，繳出不錯的成績，不僅讓 COVID-19 患者得到良好照顧，非 COVID 病人也有適當處置，而且資源有限的情況下，醫療體系並未崩潰，個人認為是另類的台灣奇蹟，只是不曉得為什麼選舉一到，就被說疫情死了很多人，好像我們醫生不夠努力，但事實是，我們的超額死亡率*最能反映防疫好壞，台灣一直都是優等生！

「上醫醫國，中醫醫人，下醫醫病」，台灣的醫界一直提供最重要的社會福利全民健保、安定民心最重要的力量，我以身為其中一員為榮，但是也為目前醫界生態受健保「按服務計價而非價值」（pay by service but not by value）影響而憂心忡忡。新一代醫師重視生活與工作的平衡，只把醫師當作一份工作，看病不看人，不僅沒有事業的長線思維，遑論志業，甚至就連週末假日上課進修，也要算工時。今年台大要招考十四位兒科住院醫生，來報考的人只有十位。第一線醫療正在逐漸崩壞，除了少子化的威脅，高齡化所帶來慢性疾病及癌症增加的醫療花費，過去太重次專科的給付方式，更是讓急診待床人滿為患。

雖說為醫者須絕馳騖利名之心，專博施救援之志，但是誠如有名的投資專家蒙格（Munger）所說：「你該深思的是誘因（incentive）的力量，而不是其他事情。因為引導人類行為最大的力量就是誘因，把誘因放對了地方就會成大事，放錯了地方就是大災難。」

＊超額死亡率：指的是一段時間內，死亡人數與預期死亡人數之間的差額，是為觀察死亡數減去預期死亡數。

給住院醫師的一封信

在新冠肺炎進入社區肆虐之際，沒有人可以置身事外。人雖有南北、職業、信仰之分，但病毒卻很無情也很公平，不分地域、工作、宗教觀念，只要你疏忽，都可能被感染。本院目前住院的個案並無醫護人員，均為工務室及行政同仁，且其感染源均來自社區。身為醫師，也是社區的一分子，所以請大家務必做好保護自己該有的防護措施。醫師比一般人擁有更多的專業知識及技能，此時更應拿出行動與態度，不只保護自己，也讓我們的家人、同仁及社會大眾能夠一同免於病毒的威脅。

知名的鋼琴家傅聰赴美進修，其父傅雷諄諄告誡：「先為人，次為藝術家，再為音樂家，終為鋼琴家。」同樣的道理，我們習醫也遵循「先為人，次為醫師，再為次專科醫師」。資深的醫師對二〇〇三年SARS肯定記憶猶深，當時靠醫護不分科別，行政人員不分你我，團結一致，終於取得抗疫的成功。此次五月十八日工務室的異常事件*，導致我們必須大量降載醫療量能，採取分艙、分流上班，其目的是為了保存對抗新冠肺炎之能量，並保護同仁及儲備更持久的作戰能力。很感謝內科、外科、家醫科、牙科、耳鼻喉科及眾多的住院醫師及行政同仁們，適時挺身而出，不只於短短三天內做完超過一萬人次的篩檢，更肩負起照顧確診病患的責任。因為你們的同舟共濟，完成了不可能的任務，讓台大醫院暫時脫離困境，我代表院方向各位致上十二萬分的謝意。

所有的重大災難，都是一面照妖鏡。大多數的住院醫師不忘初衷的熱血行

* 編注：二〇二一年五月十八日，台大醫院工務室同仁因出現發燒症狀，採檢後確認為COVID-19陽性。

為，讓人熱淚盈眶。但是聽聞有少數科別之住院醫師，把自己當成局外人，甚至藉機放長假，這些行為不僅無情而且傲慢，讓師長們痛心。我要重申，醫道即人道，想要在醫學生涯走得遠，必須要培養團隊及體系意識，學習配合。人生不是線性的，千萬不要以為一班車就能把你從現在的位置帶到你所期待的位置。缺乏系統思維的人，總是就此時此地去看一件事情在眼前的價值，不懂得把這件事情放在人生系統中去衡量，所以經常放棄「看起來無用」的事情，這是典型的「功利主義者」。在此提醒，年輕時少點功利主義，多點系統思維，你們的人生系統才有可能發展得更好，醫學生涯走得更久更遠！

給居家隔離戰士的一封信：我不認識你，但是我謝謝你

容我稱呼被居家隔離的你（妳）一聲戰士，因為在這一場史無前例的世界大戰裡，我們共同的敵人——病毒，不僅狡猾，且殘忍到不分男女老少，不論地域地位，地球上沒有人可置身事外。你我除了挺身而出勇敢面對外，別無選擇，只是身為一線醫護人員的我們用專業來照顧受傷的戰士，而你們用消極的手段來達到積極的目的。我們同在一條船上，感謝你們願意同舟共濟，不讓更多的戰士受害，是很大的貢獻。

雖然隔離的「有期徒刑」只有十四日，但這不是容易的任務！身處紅塵，久

居鬧市，我們早已習慣抱團取暖，人人忙於社交網絡、實體交友，力求活躍露臉，外加假期聚會。我們害怕沒有朋友邀約行程，一旦待在家裡反覺得日子枯燥、人生乏味！在忙茫盲，日復一日的繁重工作及生活中，我們早已忘了如何與自己相處，因為我們害怕孤單寂寞。不過，我喜歡的作家村上春樹卻認為獨自一人反而是一種享受，是成年人的奢侈品。此時的你毋須注意「眉角」，不用做誰的開心果，可以做些有人陪伴時會被打斷或禁止的事。不管是默不作聲讀書，全神貫注聽音樂，你不用獲得誰的允許，不必擔心做錯抱歉。更重要的是，能夠透過和自己對話，看清自己、放空自己，給靈魂充電，如此一來，恢復內在力的你會更神清氣爽，充滿續航力。

比起低品質的社交活動，安靜蓄力的你是在走更長遠的路，雖孤單但並不寂寞，因為獨處可增加自我價值。心理學家就認為，擁有獨處的能力，是一個人情緒成熟的重要標誌之一。

這一場戰爭已經造成無數的死傷，在此存亡關鍵，沒有你們隔離戰士的自愛與自律，在前線的我們無法吹起反攻的號角！勇士們，我不認識你，但是我謝謝你，希望我們一起負重前行，早日獲取勝利果實。

第七部

思考未來

“一個人只有用心去看，你才能看見一切。因為，真正重要的東西，只用眼睛是看不見的。”

——安東尼・聖修伯里，《小王子》

第十五章

醫學典範轉移：從淺層醫學到深層醫學*

在行俠仗醫的路上疾行已久，我在前輩的提攜與敦促下，在同儕的教學相長下，在後輩新能量的推進下，幾乎從未停下服務、教學、研究的腳步。即便稍有慢下步伐的機會，腦袋也常是全速運轉，想著近日所見所聞，預測某一件事發展的走向，思考著未來的模樣。

我的思路有長有短，有淺有深，但總有幾個主題是想也想不完、想它千萬遍也不夠的。那些主題是每一位醫者都關心的現象與現況，也是與每一個台灣人切身相關的問題。

這些問題還正發展、仍在繼續，和我們的生活緊密勾連，只要我們還有明天，就必須認真地面對這些懸而未決的難題，必須持續地思考下去，將之深深地刻在心上。

真正重要的東西，不該光用眼睛去看、用現實的利益與環境來衡量，而是需要放在心上，常常想、常常念。

未來的路還很長，期待每一位醫者都能用慈悲心包容並寬恕彼此，同時發揮自己的聰明才智造福病患及社會，隨時隨地運用理性和智慧思考各種問題，並試著一同尋找解決的方法。

醫學是不確定的科學，卻是可能（機率）的藝術（Medicine is a science of uncertainty but art of probability.）。同樣的症狀可能有不同的診斷；同樣的診斷需要不同的治療；同樣的治療或許導致不同的預後。病人所關心醫療的「三民主義」（診斷／治療／預後）充滿了不確定性。這不確定性來自於致病因子及機轉的無知，特別是所謂的慢性病或非傳染性疾病，其病因常非單一因子。

因此，有人將目前的醫學稱為「淺層醫學」——不夠嚴謹的鑑別診斷、錯誤解讀檢測結果（true/true/unrelated）、做治療決策的證據不夠可靠且過度依賴替代終點（surrogate endpoint）而非臨床終點（clinical endpoint），因此在錯的人身上做對的事或是高估自己看診效益的治療幻覺，時有所聞。此外，雖然病歷已

* Paradigm shift of medicine:from superficial medicine to deep medicine.

經電子化，但是醫生好忙，每每搖身一變成為資料輸入技師，眼睛裡只有滑鼠的指標而無暇真心關懷病患。資料不充分、時間不夠、看診環境有限、醫生感同身受能力不足的世界，謂之淺層醫學的世界。

醫者能不能保有自己的心，是相當重要的。然而，要怎樣才能更進一步打造一個理想的，每位醫者都能全心關照病人，不再因行政與操作技術左支右絀、心力交瘁的良好環境呢？新科技絕對會是我們的關鍵助力，但置身其中的人的思考，也需要格外看重。

幾年前，我有幸聆聽嚴長壽先生的演講。在那之前，我早就讀過他的三本暢銷書《總裁獅子心》、《教育應該不一樣》及《我所嚮往的生活文明》，深知他是一個有內涵、教養、會獨立思考且以公益為志業的文化人，是不折不扣的典範，標準ＭＩＴ（台灣製造），又能彰顯台灣，是真正的台灣之光。其實我的英文名字 Stanley，即是向這位偶像致意的東施效顰。

嚴先生當時的題目是〈科技不外人文〉，且演講時全程不使用投影片，卻從無冷場，用一個又一個的精彩故事來告訴我們科技愈進步，人愈不能「心為形役，身為器使」，強調人自我覺醒及感悟的重要性。他對教育有獨特的看法，主張「做人－生活－做事」三項連結，特別是在他創立的平台，強調在偏鄉以生活為主的新教育方式，此外他揚棄傳統「理解－背誦－考試」的架構，並因此在學習上獲得良好的成效，這證明了，生活給人的教誨比任何一本書都好。

他告訴我們，知識的傳授在ＡＩ（Artificial Intelligence，人工智慧）來臨的時代，老師將比不上機器，並出人意表地說，其實老師應該對學生做兩件事：承認我不懂、我錯了。再來是千萬不要扼殺學生的學習熱情，因為未來我們必須依賴終身學習培養自己的韌性、與人連結，才不會被時代淘汰。他點出熱情（passion）的重要性，也引用富蘭克林（Benjamin Franklin）的名言：「有的人二十五歲就死了，但到七十五歲才埋。」告誡我們，當熱情褪去，夢想幻滅，精神上就死了。

ＡＩ時代，獨立思考更形重要。他以自由派主義大師殷海光名著《思想與方法》中，如何從有顏色的思想（有立場預設）到無顏色的思想（認知的思想），從而到正確的思想。人若不思考，在訊息氾濫的時代，容易被偏見和假訊息誤導。他在之前的書中即提出自律與思辨是公民的兩隻眼睛，在理盲、濫情的台灣，不啻是替時代把脈所開出的精確處方。思考是心靈的光合作用，可以促進新陳代謝，愈思考，人會愈謙卑。

最後，嚴長壽先生送給大家他這位得道者的箴言：「良知不能妥協，沒有永遠的快樂與痛苦，幫助別人。」並用馬丁・路德（Martin Luther）的名言結尾：「即使這世界明天就要毀滅，我今天仍然要種下一株小蘋果樹。」說明人生一切不是算來的，而是善來的；不是求來的，而是修來的，十足振聾發聵。

科技的進步，特別是機器學習或人工智能的問世，應用在醫學而讓深度醫學有了可行性，可望讓醫者擺脫淺層醫學的缺點與限制，這包括三個核心：一、深度表現型分析；二、深度學習；三、深度同理心與連結。這一切的關鍵是資料，來自全基因序列、高解析度醫療影像、生化檢驗，甚至是可穿戴式裝置持續不斷蒐集到的訊息。ＡＩ讓醫師能以多重宏觀的角度審視個人病史及病情，增進決策速度、減少誤診、更精準的用藥治療，甚至賦權給病人做健康管理及健康促進，讓醫師在工作上做得更好，也讓所有人能自己照顧好自身健康。

ＡＩ將寶貴的時間還給醫師，喚醒對工作的熱情與初衷，而數字智能和生物智能未來相信能共生共存、互惠互利，真正做到「智慧醫療施仁術，醫療智慧存仁心」，令人期待新的醫學典範轉移。

第十六章

建立預防醫學的正確觀念

繁體中文是博大精深的文化，其中「我」字若少了一撇就成了「找」，那找尋失去的什麼，才能恢復完整的我呢？

不同的人有截然不同的答案，你問公司的董事長或執行長（CEO），答案或許是財富；問檯面上政治人物，可能是權勢；問大學教授，則回答八九不離十是學術。基於不同的價值觀，會有大相逕庭的回答，而不管是哪一個答案，對我們專業的醫護人員而言，皆不十分滿意，因為「健康」才是我們的核心價值。假如沒有健康，其他權勢、財富、學術都成了鏡花水月。所以，找回自己的健康才是正途，因為事業成功、生活順利時人要健康才能享受，而工作受挫折、處處碰壁時，更需要有健康的身體來面對生活的挑戰。

台灣的全民健康保險號稱是全世界最好的社會福利政策，在醫護的努力下，效率和效果皆是令人稱頌。不過，太方便、太便宜的醫療照護固然讓人人隨時隨地都看得起病，卻也使得民眾忘了照顧健康也是自己的職責，往往覺得事不關己，認為生病再來找醫師就已足夠，甚至將碰到的問題歸罪於醫護人員，造成彼此的不信任及對立。

另一方面，想讓自己更健康的人卻也不循正途。君不見健康食品廣告琳瑯滿目，名嘴高談闊論似是而非的養生知識，而親朋好友則推薦許多偏方。民眾一方面平常忽略保健，一方面生病時卻求速成及不尊重專業，種種的惡習不僅讓學有專精的有識之士搖頭，醫護人員疲於奔命，也讓醫療費用迅速增長，使得健保必須用更嚴的手段做醫療管理而非醫療品質提升，長久下來，醫療水準和全民的健康狀況有可能向下沉淪。

其實，從預防醫學的角度而言，全民健保提供的應只是協助人們恢復健康，以治病為主的「臨床預防」。想要向上提升健康狀況，則有賴於做到讓自己不生病的「病因預防」及早期診斷早期治療的「發病預防」。大家都很喜歡做的健康檢查，就是在「知己知彼、百戰百勝」的理念下，找出可改善的病因及可痊癒的早期疾病，並做好健康管理以促進健康並防患未然。

在這方面，台大健康管理中心有最專業的人員，一直以來都在協助民眾找回健康、增進健康的首選，甚至連續榮獲四年商務人士品牌大賞的第一名。秉持著「台大一日健檢，生命中不可缺少的一天」這樣的理念，我們努力守護民眾健康，也將「健康檢查的領導品牌、健康促進的領航舵手、預防醫學的研究標竿」作為目標，並希望能更擴大這個願景的版圖。

二十一世紀是管理學大盛的世紀，我們不僅有「工商管理」學位，還有各式各樣的管理，比如：親子及夫妻關係管理、時間管理、投資管理等，充斥於生活中的每一角落，甚至還有要收取學費的管理課程，人們趨之若鶩。若能將類似的觀念用於自我健康的管理，以達到身心靈健康，才算是本小利多的投資。

但話又說回來，從最根本考量起，醫療機構能夠做的，是完善自身的設備、技術、人員，助民眾維護健康一臂之力，提供專業的建議、治療與規劃，最重要的還是每一個人對自身健康的態度與認知，有沒有建立預防醫學的正確觀念。

第十七章

關於健保的一些想法

台灣健保制度造福許多人，然而就是因為太好了，以致有人戲稱台灣「金卡、綠卡不如一張健保卡」，而這樣的戲謔，恰恰反映了現行制度的不足與待革新之處。

許多人愛稱台灣是醫療奇蹟之島，但我們的醫療之所以便宜、有效率又有效果，能夠做出一個又一個奇蹟，是建立在醫師從「天還未亮」做到「太陽下山」的過勞基礎上。身為醫學院老師的我，在課堂上總不時耳提面命告訴學生，醫療是志業不是事業，只有醫師及老師兩個職業又有錢又有尊嚴，更不忘提醒「君子愛財，取之有道」。然而，每次聽到又有醫界人士抱怨「口服藥不如糖果，點滴不如珍珠奶茶，心臟按摩不如腳底按摩」，見到健保署發布某某醫院又濫報、浮報健保給付的消息，我就覺得灰心、痛心。某些醫者的態度和醫療機構濫用健保的消息，造成本來應該合作提升醫療水準的醫界和健保署兩造彼此傷害，對改善醫療環境及品質不僅毫無助益，甚至只會讓醫病關係更形緊張。

仇富的思維及網路酸民，已經讓很多我接觸的優秀年輕人對從事高風險和低給付的醫療科別卻步。因此，與其站在道德制高點上抨擊醫師貪婪，不如平心靜氣檢討健保危機和修補給付制度的漏洞。

《呂氏春秋．先識覽．察微》裡記載：「魯國之法，魯人為人臣妾於諸侯，有能贖之者，取其金於府。子貢贖魯人於諸侯，來而讓不取其金。孔子曰：『賜失之矣。自今以往，魯人不贖人矣。取其金則無損於行，不取其金則不復贖人矣。』子路拯溺者，其人拜之以牛，子路受之。孔子曰：『魯人必拯溺者矣。』孔子見之以細，觀化遠也。」出身富豪的學生子貢仗義疏財贖回不少在外國為奴隸的魯國人，但卻未依規定向國家申請補助，其他同學認為了不起向孔子報告，孔子卻怒氣沖沖說「此後我魯國子民將世代為奴」；另一位孔子的學生子路救了一位溺水之人，並接受了一頭牛的饋贈，其他學生因此向孔子告狀，想不到孔子對子路讚賞有加，直說「此後魯國再無溺死之人」。可見，若平白無故提高道德標準，大家是不會去做的，假惺惺以道德標準標榜的社會反而會有問題，比如明、清兩代便是偽君子遍地，貪官汙吏不勝枚舉。道德並不是能夠刻意規範出來的，但要有好的環境才能維護良好的道德，我們要先有好的制度，才能打下長治久安的基礎。

武俠小說裡，滿身功夫的能人異士可以幹兩件事，一是見義勇為，二是攔路搶劫。我們在定制度的時候，千萬不要讓醫生得犧牲善良才能獲得正常權益。目前健保包山包海的給付制度，其重點皆在防人之惡的財務維持考量，對於日新月異且進步迅速的醫療新技術而言，並非能成人之美的設計，不但對醫療長久的進步與發展造成阻礙與傷害，還難以鼓勵優秀的年輕人從事具挑戰性的醫療工作，讓人驕傲的台灣健保奇蹟，可想而知是愈來愈難以持續。

《論語．泰伯篇》有言：「邦有道，貧且賤焉，恥也；邦無道，富且貴焉，恥也！」未來健保制度能不能往支持醫護而不因防人之心而抑制發展，能不能往維護醫護權益的方向走，至關重要，而這也成了每一次政策討論、選舉時眾人唇槍舌戰、爭執不休的戰場。

二〇二四年總統大選，激烈選戰由賴清德當選而塵埃落定。值得我們注意的是，這次選票不但反映了世代價值觀的差異，三位候選人還不約而同提出要改革健保制度，特別是針對總額制度點值不足的問題，到底是一點一元，還是「保九」（一點〇．九元），成為候選人之間彼此攻防的焦點。

由於台灣人口老化速度加快，即將進入超高齡社會，老人們正是最需要醫療照顧的族群，加上新醫療科技和癌症新藥的問世引進，醫療費用節節攀升。政府及民意代表皆不願面對的現實，是健保給付早就入不敷出。在這樣的情況下，健保給付總額的框架將財務緊箍咒的壓力完全壓在醫療體系上，以至於健保點數不等於點值，甚至出現點值在〇．七到〇．八之間浮動的誇張現象。再加上透過攤扣、斷頭等不合理機制，美其名曰自主管理，維持虛假的點值在〇．九以上。於是成長型醫院首當其衝，加上人事、醫材及藥費成本不斷調升，但給付以不變應萬變，這一切使得「正派經營」的醫院的確很難經營，有可能需要靠業外收入彌補，形成永續發展及經營的障礙。

健保確實是台灣最重要的社會福利制度及安全保障，但長期的投資不足導致總額點值偏低、新醫療科技及藥品引進緩慢、自費市場亂象，甚至劣幣驅逐良幣，扭曲醫療生態。除了原有的三低——診療費低、住院費低、護理費低之外，還出現台灣另類「奇蹟」——急重症竟成虧錢大宗。而且新的給付也荒謬得不考慮醫護照顧的人力成本，以CAR－T（Chimeric Antigen Receptor T Cells，嵌合抗原受體T細胞）為例，所有的藥費給付直接由健保局給藥廠，醫師負責照顧的風險及苦勞，但一毛未得，連給藥廠打工都還稱不上。更令人擔心的是，年輕醫護以腳投票，以實際行動表達意願，逐漸遠離健保苦勞的工作，今年全台兒科及外科醫師的招募不足，已是冰山一角的重大警訊！

德國哲學家黑格爾曾說：「一個民族有一群仰望天空的人，他們才有希望。」若是我們這一代的領導持續只關心腳下的事情，不敢認真面對健保制度已經逐漸破壞醫療生態的現實，那台灣是沒有未來的。醫界當然知道一點一元不僅牽涉修法，也隱藏過度醫療及醫療浪費的問題，那麼，合理的用「目標制總額」來保障一定的點值及醫療品質，應該是可以接受、考量施行的方案。

健保何去何從，對台灣的醫護和醫療環境來說，至關重要。我們的人生可以沒有很多東西，獨不能沒有希望與愛。在希臘神話中，希望是潘朵拉盒子中最後留下來的東西。當人抱有希望時，就會相信一些積極的東西會成為事實，意味著我們會有一定程度上的不屈不撓，就算面臨不少相反的事發生，也有能量繼續前行。

盼望台灣的健保制度，可以提供給醫護更多的助力，成為令人心安的依靠。

[尾聲]

做正確的事，不枉此生

記得剛入台大時，學校「思想自由、相容並包」的校風，使我們這些新鮮人簡直如魚得水，每天都快活地嘗試新事物、體驗生活。

當時，讀了學長姐說值得一讀的《未央歌》這本小說，深受書中描寫西南聯大學子們活潑、自信的樂觀情緒感染，覺得這才是「最好的我們、最好的青春」，並且更進一步對西南聯大產生興趣，發現這一所組建倉促、條件簡陋、維持時間短（一九三八至一九四六年）的大學，卻培養出楊振寧、李政道及無數的文理人才成為國家社會的棟梁，簡直是教育史上的奇蹟。

那時由北大、清華及南開共同組成的這所聯合大學，有蔣夢麟、梅貽琦和張伯苓三位校長，不過當中的關鍵人物，是清華大學校長，也是當中最年輕的一位——梅貽琦。

梅貽琦四十二歲就任清華校長。他在就職演說提出：「所謂大學者，非謂有大樓之謂也，有大師之謂也。」指出一個大學的好壞取決於有沒有正確的人，有沒有好的教授。他進一步闡明：「學校猶水也，師生猶魚也，其行動猶游池也，大魚前導，小魚尾隨，是從遊也。」堅持用人不單憑資歷、學歷，要的是真才實學，於是，只有初中學歷的華羅庚得以和名士陳寅恪、朱自清、錢鍾書並列。學生從這些把人格骨氣看得比生命還重要的大師身上，學到做人的根本和做事的準則。梅貽琦簡單樸實的「大樓大師」、「魚水」等辦學理念，成就了偉大的功業。

梅先生本身道德學識一流，但是非常寡言，開會時常不發一言，大家問他意見，他往往雲淡風輕回：「吾從眾。」其行事作風從當時學生編的順口溜可窺見一二：「大概或者也許是，不過我們不敢說；可是學校總認為，恐怕彷彿不見得。」可是就是這樣一位話少且慢但卻苦幹實幹的人，這樣一位「敏於行而慎於言」的謙謙君子，成就了一代奇蹟及傳奇。

我想，梅先生的沉默寡言、從眾，都是在謹慎細思量之下做出的決定，因為他知道對方提出的意見是正確的、是可行的，從之有利而無害，那麼自己也就不須再出聲。

《史記．淮陰侯列傳》有一紀錄：「諸將易得耳，至如信者，國士無雙。」韓信因戰功彪炳，被太史公譽為國士無雙。二戰後日本重建的歷史中，也有一位號稱「昭和教祖」或「灰衣主教」的知識分子——安岡正篤，因為在政界商界舉足輕重的影響力，而被稱為國士。

安岡對王陽明學說有深入研究，他認為「致良知」就是對人事物都應該探究其根本，而「知行合一」則要將學術理論運用到人生及社會的實踐當中，如此才能體驗生命、創造自我。他從陽明學的分析中創建自己的思想主張：人物學。人是社會的根本，歷史演進歸根究柢都是人的活動，特別重視人的「德」與

「格」，提倡知識、見識、膽識來提升人性，將理論轉化為執行力。

近代引領日本向前的大人物們，從吉田茂、池田勇人、佐藤榮作、田中角榮、福田赳夫到大平正芳，只要碰到難題就會向安岡請益。一九六〇年，岸信介因修改《美日安保條約》，被日本人認為是喪權辱國而辭職下台，面對此事，時任內閣長官大平正芳以「寬容與忍耐」應對，媒體以其為「低姿勢」。大平為此請教安岡，得到的答案是：「高或低都非所宜，應該是用正姿勢。」為政者只有用「正姿勢」才兼具歷史和道德高度，在正確的道路上前行。從此有「正姿勢先生」稱謂的安岡正篤，對日本企業文化也影響深遠。

安岡不只是無私提供許多人良言建議，他還有十分寬廣的胸襟。住友生命保險創始人新井正明有一天晚上聽了安岡演講，隔天早上一字不差地在全體員工的學習大會上複述聽到的內容，獲得大家熱烈掌聲。新井正得意，卻看到安岡竟坐在最後一排，便立刻到他面前道歉，沒想到安岡不但沒責怪他，還說：「太令人感動了！你能把我的內容用自己方式講出。每個人要成長進步，就要先學做哲學小偷，如此的道聽塗說，是非常重要的。」

行在正道上之人，並不會忌憚他人與自己意見相同，甚或挪用見解。因為重要的是我們的目標並非鞏固自己的大權，或是營造自己的聲勢，而是整體的進步。正確的理念、正確的言語，一人說不如兩人說，兩人說不如眾人說，當愈來愈多人說的時候，相信這世界也會愈來愈往好的方向走。

人的一生能走多久，能走到哪裡、有何際遇，難以想像與預料，在這當中，能不能一直堅持在正道上、做正確的事，則勢必要經歷多重考驗。

就拿我的父親來說吧，他一九三五年出生於台南麻豆，十歲時，爺爺往生，只有小學四年級的他便開始童工生涯，北漂到台北，做過不少工作。當時聽說做棉被前景不錯，就東移到羅東學習，出師後，到嘉義和另兩位合夥人開棉被行。二十八歲，他經人介紹，認識來自台南善化，小他七歲且目不識丁我的母親。

以現在盛行的說法，他們兩位都是下流社會的魯蛇，但是我父母雖然沒有在出生就躺贏，卻也沒有就此放棄努力躺平。他們勇敢的結婚，並且在隔年——一九六四年生下我，之後陸續又生下弟弟和妹妹。就我記憶所及，即便一家五口擠在租來的簡陋閣樓上，物質生活有限，他們仍然在我年幼的時候，努力給我一個完整、良善的家庭。

我的父母沒有愛得轟轟烈烈，只是在生活中相互包容、相互體諒、相互扶持。他們用實際的行動讓我明白一個道理：生活只要遇到對的人，找到對的方向，就能夠一路披荊斬棘，關關難過，關關過。這種披荊斬棘無關乎學歷、能力和財富，關乎的是面對生活中的負面、困苦與不順，仍不忘責任和使命，依舊深愛彼此，並且熱愛生活。

我的母親每天盡她所能的整理家裡的每一個角落，總是使出渾身解數把僅有的食材做成三餐，並且一直保持熱情和微笑。我的父親則拚盡全力尋找養家餬口的機會，即使滿身汗漬和棉花，也依舊和我母親一樣保持熱情和微笑。生活的確非常辛苦，但是我很少聽到他們抱怨苦難，因為只要全家人在一起，生活中就沒有苦難。此外，他們沒有因為生活的艱辛而忽略了對我的教育，書讀不多的他們告訴我，人這一生不要奢求日子過得多麼富足，也不要奢求走得多麼高遠，只要一直用心去做自己想做的事，一直在做正確的事，哪怕在外人看來碌碌無為，也依舊不枉此生。

在這本書的最後，我說這些，不是要說我父母親有多麼偉大，也不是要說梅貽琦先生或安岡正篤絕對是完人，只是想告訴各位讀者，梅先生和安岡的人生故事，和我的父母的實際行動，讓我明瞭了人生最大的幸福，不是擁有多少的財富或多大的成就，而是在正道上行正確的事，能在正確的時間遇到正確的人，並且和正確的人一起做正確的事。只要符合這幾個正確，那麼我們就是最幸福，也是最成功的。

當然，我們也不必將一切看得過於嚴肅、死板，在這人生裡，要認真做事，也要暢快歡笑。林語堂先生說：「人生在世，有時笑笑人家，有時給人家笑笑……且行且珍惜。」張愛玲女士也說：「笑，全世界便與你同聲笑；哭，你便獨自哭。」醫者如我，在意、執著許多事，每件事都想要做到最好，更想要為最多人謀求最多的幸福，但在這一路往目標前行的日子裡，若只知道埋頭苦幹、著眼最不堪難解之處，很容易路未過半便灰心喪志，入山未半天就打道回府。

默劇時代的笑匠卓別林最經典的一句話是：「人生最浪費的日子，就是我們沒有歡笑的時候。」醫療環境的改變並非短期就能見效，許多事的推行也要長久才能有成果，面對高壓的工作、亟需改善的制度、來自民眾的壓力，我知道許多青年醫師苦不堪言，每每在社群平台上大吐苦水，而因此失去信念轉換跑道者也大有人在。

對此，我是這麼認為的，雖然大環境灰暗，但不能自溺在沮喪之中，如此一來人會喪失動力、喪失改變的氣力。和抱持樂觀的心態、抱持希望相比，灰心喪志甚或放棄希望，其實是相對簡單的選擇、易走的便道，因為長遠的馬拉松最是艱難。

講到樂觀，我想起自己過去當住院醫師、開始過苦日子的時候，也曾思想灰暗，覺得了無希望，也曾猶豫不決、信仰動搖過。這時候，拯救我，讓我沒選擇放棄理想一走了之的人物，想來讀到這裡的你們肯定猜不到——是志村健。

一九八七年開始於富士電視台播放的《志村大爆笑》，裡面有不少經典單元，如怪叔叔、瞳婆婆、笨蛋殿下、五點起床夫婦，影響台灣的藝能界深遠，而他誇張的表情和言語，也有不少綜藝節目的主持人仿效、學習。其中，台灣藝人陽帆的知名角色「陽婆婆」，謝祖武和陶晶瑩的小短劇節目《安室愛美惠》都有志村健的影子。

雖然志村健的節目部分內容因當時代的風格，而被衛道人士評為低俗下品，但他的無厘頭、總是令人耳目一新的創意，讓許多人捧腹，在笑聲中療癒生活的疲憊。

一笑，解千愁。志村健的節目曾深深撫慰我的心靈，讓我在低谷中得以有力量相信，不管現實有多麼慘不忍睹，都只是黎明前短暫的黑暗而已。

台灣的醫療是棵盤根錯節的大樹，當中的問題以及未來，並不是一個人能夠解決或是決定的，身處其中的所有醫療從業人員，誰也離不開誰，所有酸甜苦辣一起嘗。在這過程中，我們一同攜手，當彼此的遮蔭，維護彼此自由呼吸的空間，風雨同行。

最重要的是，只要我們意志堅定，行在正道上，心與心之間緊密串連，不管將來發生什麼，碰到多麼困難的事，相信我們一定會有足夠的能量，堅持、堅持、再堅持下去。

我自己受武俠小說中大俠的啟發行俠仗醫至此，也已走過數個年頭。如今心中的信念還是昭昭，要達成目標的念想依舊熱烈。

謹在最後，願每一位醫者都能善待自己、善對他人，實現最初以醫弘道的理想。

People
行俠仗醫，以醫弘道：吳明賢的與善同行之路

2025年1月初版　定價：新臺幣430元
2025年2月初版第四刷
有著作權・翻印必究
Printed in Taiwan.
著　　者　吳　明　賢
叢書主編　黃　淑　真
校　　對　馬　文　穎
內文排版　張　靜　怡
封面設計　兒　　　日

出　版　者　聯經出版事業股份有限公司
地　　　址　新北市汐止區大同路一段369號1樓
叢書編輯電話　(02)86925588轉5322
台北聯經書房　台北市新生南路三段94號
電　　　話　(02)23620308
郵政劃撥帳戶第0100559-3號
郵撥電話　(02)23620308
印　刷　者　世和印製企業有限公司
總　經　銷　聯合發行股份有限公司
發　行　所　新北市新店區寶橋路235巷6弄6號2樓
電　　　話　(02)29178022

編務總監　陳　逸　華
副總經理　王　聰　威
總 經 理　陳　芝　宇
社　　長　羅　國　俊
發 行 人　林　載　爵

行政院新聞局出版事業登記證局版臺業字第0130號

本書如有缺頁，破損，倒裝請寄回台北聯經書房更換。　ISBN 978-957-08- 7579-9 (平裝)
聯經網址：www.linkingbooks.com.tw
電子信箱：linking@udngroup.com

國家圖書館出版品預行編目資料

行俠仗醫，以醫弘道：吳明賢的與善同行之路/吳明賢著．
初版．新北市．聯經．2025年1月．360面．14.8×21公分（People）
ISBN 978-957-08-7579-9（平裝）
[2025年2月初版第四刷]

1.CST：吳明賢 2.CST：醫師 3.CST：傳記

783.3886 113019688